우리 모두는 자존감을 붙잡으며 살아간다.

―――――――――――――――――――
。

"잠시 발걸음이 무겁다면
이곳에서 조금 쉬었다 갔으면 좋겠습니다."

―――――――――――――
。

일러두기
저자 고유의 글맛을 살리기 위해 표기와 어법은 저자의 방식을 따랐습니다.

남의 가벼운 간섭에 방어할 무거운 자신감을 가져야 합니다.
"함부로 흔들리지 않도록."

다가올 날들의 곳곳에서 행복한 순간들을 누구보다 많이
찾아낼 수 있기를 바랍니다.

작가의 말

90세가 넘으신 외할머니는 저에게
이런 말씀을 하신 적이 있습니다.
남 눈치 보지 말고 살아가라고요.
저는 외할머니 말을 잘 듣지 않는 손녀였습니다.
누구보다 남의 시선을 신경 쓰고,
눈치 보면서 살아왔던 시간이 길었습니다.

막상 지내다 보니 문득 느껴졌습니다.
남의 시선은 굳이 신경 쓰지 않아도 된다는 것을요.
타인이 나를 어떻게 생각할지 고민하다가
놓쳤던 것들이 너무나 많았습니다.
지금 해보고 싶은 일이 있다면 하면 되는 것이고,
가보고 싶은 길이 있으면 가보면 되는 것입니다.
해내지 못할까 봐, 이루지 못할까 봐 주저할 것 없습니다.

남이 자신을 어떻게 바라보느냐는 중요한 것이 아닙니다.
자신을 가장 먼저 돌봐주고,
나라는 사람을 제일 우선으로 챙겨가며 살아가야
지치지 않고 단단하게 걸어갈 수 있을 겁니다.

지금, 이 순간도 누구보다 열심히 살아가는
당신의 애틋한 발걸음을 알고 있습니다.
넘어지더라도 괜찮고, 실수해도 괜찮습니다.
과정이 조금 고달프다 하더라도
그 길의 끝에서는 분명 사랑스럽게 웃을 당신입니다.

남에게 연연하느라 멈칫하지 말고,
당신이 아주 행복했으면 좋겠습니다.

2020년
김유은 올림

CONTENTS

작가의 말　4

1장
불안함을 의연함으로
。
걸음이 조금 고단할지라도

쉬었다 갔으면 좋겠습니다　16
위로하며 살아가는 이유　18
나아감이 버겁더라도　20
모두가 행복할 자격이 있듯이　21
조금 더 웃을 수 있게　22
다시 일어날 때, 누구나 시간은 필요해.　23
쉽게 놓이지 않는 미련 때문에 주춤한다면　26

여리고 착한 사람에게   31
내 단점을 인정할 때   32
꺼지지 않았을 불씨   36
가장 맛있는 커피 한잔   38
무언가를 손에 쥐고 있다면   40
그런 날이 있었기에   42
오늘도 행복해지고 있다   43
흘러가는 대로 내버려 두지 말기   46
글자, 사랑.   48
지금 그대로   53
괜찮지 않은 날에 괜찮을 수 있도록   55
걸음이 조금 고단할지라도   59
불안함을 불안해하지 않기를   60
언제나 당신의 편   62
새로운 것을 해보고 싶은데 머뭇거리는 사람에게   63
엄마   67
글의 시작, 길의 시작.   72
우리의 시간이 녹슬지 않게   75
불안함을 의연함으로   76
사랑이 단단해질 때   79

2장
적당한 거리, 적당한 배려.

모든 사람에게 좋은 사람일 필요는 없어

모든 사람에게 좋은 사람일 필요는 없어　84
진정한 친구가 없는 것 같다면　85
더 나은 사람이 되고 싶어　90
혼자서만 노력하지 말 것1　92
혼자서만 노력하지 말 것2　93
굳이 여러 명의 마음을 모으지 않아도　96
알고 지낸 시간보다는 알아갈 시간이 중요해　100
흘려들을 말　103
오래 함께하기 위해서　107
무지함을 용감함이라 생각하는 사람들　110
멀어질 수밖에 없는 관계　113
존재의 힘　115
삶이 조금 달라져도 괜찮은 거야　118
함께해줘서 고마워　121

자연스럽게 달라지는 것　123
잃어간다는 것　126
깊이 있는 우정　128
적당한 거리 적당한 배려　130
사람공부　133
선한 영향력의 무게　135
내가 먼저 나를 돌보는 게 맞아　138
닮고 싶은 사람　143
내가 바라는 사람　147

3장
우리는 자존감을 붙잡으며 살아간다.

모든 사람의 말에 다 귀 기울일 필요는 없어

어쩌면 가장 어려운 일　150
그동안 참 많이도 애썼습니다　152
익숙함과 낯섦의 간격　153
무난한 하루 속 멋진 순간들　154
겸손함 그리고 적당함　157

더디더라도 꾸준히   160
갖고 싶은 것, 가질 수 있는 것   164
잘 살아가고 있어   167
최선을 다하는 법   169
남의 칭찬에 연연하지 않을 것   173
마음 돌보기   176
어떠한 삶의 모양을 택했다 하더라도   180
어여쁜 꽃들에게   183
너의 모든 순간을 응원해   185
초조함과 느긋함의 사이   189
취미에 대해서   191
애틋하고 소중하게   195
우리는 자존감을 붙잡으며 살아간다   197
내가 나의 삶에   201
좋은 일이 생길 거야   203
우리가 멈추지 않는 이유   205
그럴싸함 대신에   207
우리는 매일 성장하고 있으니까   210
뿌리 깊은 나무   214
모든 사람의 말에 다 귀 기울일 필요는 없어   217

밝음과 어두움의 경계선　222
시간이 야속할지라도　223
당신이 만들어 낸 큰 가치　225
사라지고 나서야 알게 되는 것들　228

4장
사랑의 과정

°

연애할 때 이별을 두려워하지 마

이별과 이별할 수 있을까　232
메마른 이별　233
연애할 때 이별을 두려워하지 마　235
사랑의 과정　238
문득　243
부디　244
추억이 짐이 되기도 하는 거야　245
이별의 맛　248
나는 그걸로 다행입니다　250
하늘이 참 예쁘다, 널 좋아해.　252

필요한 이별   253
지워지지 않는 사랑   257
그만큼 더 행복하자   258
당신의 연인   259
사랑하기 좋은 날   261
사랑은 희생이 아니야   262
사랑에 지쳐버린 사람아   264
속상했다고 말해줘야 해   266
사랑의 우선순위는 없어   269
부부의 세계   272
소중한 인연들에게   275
물어보고 싶어   277
안녕   281
딸들의 첫사랑   282

PROLOGUE

) 1장

걸음이 조금 고단할지라도,
그 모든 과정 덕분에 당신이 빛날 것이라고 믿는다.

2장 (

굳이 내 삶에 없어도 괜찮을 사람들 때문에
내 행복이 방해되는 일이 더는 없어야 했다.

) 3장

그렇게 살아가면 된다.
누군가에게 잘 보이기 위한 삶이 아니라, 당신 스스로에게
충실하고 애틋하게 노력하는 삶을.

4장 (

추억이라는 것 때문에 놔주어야 마땅한 사람들을 놓아주는 것을
주저하지 않았으면 좋겠다.
"때로는 추억이 우리에게 짐이 되기도 하기에."

1장

불안함을 의연함으로

───────────────────────────────

살아감에 있어서 책임져야 했던 것들은 더 선명해지고, 고마움과 미안함의 경계는 모호해지는 게 어른이 되는 과정이었다. 사랑하는 사람들이 나로 인해 더 행복했으면 싶어서 더 열심히 살아내고, 그들에게 고마운 마음을 다 갚고 싶어서 부지런히 노력하게 된다.

°

걸음이 조금 고단할지라도,
그 모든 과정 덕분에 당신이 빛날 것이라고 믿는다.

쉬었다 갔으면 좋겠습니다

다시 나아갈 당신을 위해 오늘 하루쯤은 쉬어도 괜찮습니다.

o

 유난히 버거움으로 물든 하루를 지나왔을지도 모르겠습니다. 어딘가 막막한 기분에 누군가에게 기대어 쉬고 싶을지도 모르겠고요. 문득 자신이 약해진 것 같다는 생각이 들었다면 나는 아니라고 답해주고 싶습니다. 당신은 전에도 강했고 지금도 강합니다. 여린 마음을 단단하게 만드느라 애썼던 시간과 그만두고 싶었던 것들을 버텨냈던 순간들은 강인한 당신이었기에 가능한 일이었습니다. 다만, 지금은 조금 지쳤을 뿐입니다.

 잠시 발걸음이 무겁다면 이곳에서 조금 쉬었다 갔으면 좋겠습니다. 그동안 참 힘들었노라고 하소연해도 되고, 다시 걸어갈 일이 막막하다고 투정 부려도 괜찮습니다. 하루쯤은 어린아이처럼 조금은 어리광부리는 것도 나쁘지 않을 것 같습니다.

쉬지 않고 지금까지 줄곧 걸어온 당신의 모든 발자국은 참 멋있습니다. 후회로 물든 발자국이 있을 수도 있고, 아픔이 실린 발자국이 있을 수 있지만 중요한 것은 이곳까지 왔다는 것이니까요. 다시 나아갈 당신을 위해 오늘 하루쯤은 쉬어도 괜찮습니다.

위로하며 살아가는 이유

。

내가 겪어보지 않은 일을 가지고 위로할 수 있을지 고민했다. 재수하느라, 다니고 있던 직장에서 퇴사하느라, 작가가 되겠다고 준비하느라 또래 친구들과 조금 다른 템포로 살게 된 나는 누군가를 위로하는 게 늘 어려웠다. 어느덧 아이 엄마가 된 후배도 있었고, 파혼을 한 친구도 있었고, 이혼을 한 친구도 있었다. 어느 것 하나 내가 경험해보지 못한 일이었다. 그녀들의 한숨의 깊이를 감히 다 헤아린다고 말할 수 없었다. 아마 힘들 것이고, 아플 것이라는 것만 짐작했지 어떤 마음을 가지고 살아내는지 짐작하기 어려웠다. 내가 할 수 있는 것은 들어주는 게 전부였다. 육아의 힘듦도, 약혼남의 불륜도, 남편의 폭력적인 주사도 내 몇 마디로 위로할 수 없다는 것을 잘 알았다.

살아보지 않은 삶이었고, 각자가 살아온 삶의 모습 또한 너무 달라서 타인을 완벽하게 이해하기란 어려운 일이다. 그래도 종종 다른 사람에게 이해한다는 말을 건네고, 또 다 이해한다는 누군가의 말에 위로를 받으면서 살아간다. 악의가 없는 거짓이 담긴 말이 때로는 필요하기 때문이다. 지금 무너질 것처럼 서러운 심정을 아무도 공감하지 못한다는 것은 꽤 슬픈 일이다. 절반의 진심뿐이더라도 아린 마음의 조각을 토닥여주는 살가운 손길이 따뜻함을 주곤 한다.

　우리는 서로를 위로하면서 또 서로에게 위로받으면서 살아간다. 작은 몇 마디의 말이, 가만히 들어주는 따뜻함이 지친 마음을 도닥거리기에는 충분하기에.

> 작은 몇 마디의 말이,
> 가만히 들어주는 따뜻함이.

나아감이 버겁더라도

o

 이만큼만 더 가면 도착할 줄 알았던 목적지가 덜컥 저만큼 멀어져 버리는 상황이 찾아온다. 종종걸음으로 쉬지도 못하고 오느라 지쳐버린 마음이 서글퍼지곤 한다. 언제 저기까지 다시 걸어가야 하나 문득 두려움이 생길지도 모른다. 이내 포기해버리고 싶은 막막함이 오더라도 거기서 멈추어서는 안 된다.

 나아감이 버겁더라도 분명한 점은 그 목표까지 결국은 걸어낼 것이라는 점이다. 가는 동안에 겪는 크고 작은 어려움들은 우리를 단단하게 만드는 하나의 과정이고, 더 성장한 당신은 담대하게 목표지점에 도착할 것이라고 믿는다. 포기할 것 없고, 무너질 것 없다. 이겨내고 그렇게 다시 행복해질 당신이다.

모두가 행복할 자격이 있듯이

o

　힘들다는 한숨 한 번 쉬기에도 망설여지곤 한다. 자신에게 힘들다는 말을 할 자격이 있는 것인지 괜한 의구심이 들게 된다. 이내 하고 싶었던 하소연들도 꾹 눌러 삼켜 내린다. 답답한 마음은 언젠가부터 익숙함이 되었다.

　모두에게 행복할 자격이 있듯, 마음이 버거운 순간에는 힘들다고 말해도 괜찮다. 먹먹한 감정들은 머금고 있으면 계속해서 커지기만 할 뿐이다. 뱉어내야 당신의 무거운 가슴 어디 즈음이 가벼워질 수가 있다. 혼자서 그동안 얼마나 노력했는지, 고달팠는지 다 안다. 아마 강한 척하느라 무표정을 짓는 게 더 익숙해졌을 당신은, 있는 그대로 당신의 마음을 보여주어도 괜찮다.

조금 더 웃을 수 있게

o

 실망하지 말자고 다짐해도 덜컥 마음이 무너져버리는 것은 어쩔 수가 없고, 기쁨에 가벼워지지 말자고 다잡아도 금세 풀어져버리는 것도 어쩔 수가 없다. 쉽게 움직이고 금방 굳었다가도 풀어지는 게 감정의 모양이라서 그럴 것이다. 잘못된 것이 아니다. 말랑거리는 마음을 굳이 단단하게 만들겠다고 애쓰지는 않았으면 좋겠다.

 작은 실수에 실망하는 것도, 소소한 기쁨에 들뜨는 기분도 다 성장해나가는 과정이다. 덤덤하게 기쁨도 실망도 다 숨기면서 살아가기에는 생각보다 부드러운 세상이다. 유동적으로 변화하는 모습을 그대로 받아들이면서 나아가면 된다. 사소한 일에 너무 오래 기죽어있지 않고, 좋은 일에 너무 크게 자만하지만 말고, 조금 더 웃으면서 그렇게.

다시 일어날 때,
누구나 시간은 필요해.

o

  원하는 목표가 희미해졌다고 해서 당신이라는 존재의 가치까지 희미해진 것은 아니다. 힘을 내야 한다는 것을 알면서도 환경이 만들어낸 절망 앞에서 어쩔 수 없이 무너지더라도, 그것이 완전한 결말은 아니다.

  한없이 다정한 세상이었으면 좋으련만, 세상은 때때로 우리에게 유난히 냉정하게 다가온다. 하려고 했던 일이 엉망이 되어버리기도 하고, 내 편이라 생각했던 사람은 무심하도록 철저한 남이라는 걸 알게 되기도 한다.

  자신도 모르는 새에 찾아오는 불행에게 쉽게 굴복하지 않았으면 좋겠다. 가끔 버거울 때는 후련할 때까지 울어도 좋고, 맨정

신으로 견디기 어려울 때는 술 몇 잔에 기대어도 좋다. 힘들 테고 어려울 테지만 나는 그래도 당신이 우리 삶에 찾아온 어려움들과 대항하면서 살았으면 좋겠다. 삶이 차가워졌다는 것은 곧 따뜻해진다는 뜻이다. 멈추지 않고 주저앉아 포기하지만 않는다면 온기가 찾아오는 법이다.

왜 이렇게 세상이 자신에게만 무심한 것이냐고 생각하며 자신의 부족함을 일부러 찾아내려고 노력할 필요도 없다. 그저 하나의 과정일 뿐이다. 그 순간이 유난히 일이 안 풀리는 시기라고 생각하면 된다. 덜 노력해서도 아니고, 게을러서도 아니고, 부족해서도 아니다.

젊음을 바쳤던 시험에서 떨어지고, 아버지는 쓰러지시고, 동생은 아직 어리기만 했던 그런 때가 있었다. 무너짐은 순식간이었고 그것을 되돌리기란 생각보다 어려운 일이었다. 세상을 원망하기도 했었고, 나의 모자람을 탓하기도 했었다. 그럴수록 작아지는 것은 나뿐이었다. 달라지거나 나아지는 것은 없었다. 훌훌 털고 일어날 수는 없었다. 다시 무언가를 위해 일어나려고 발버둥을 치는데에도 한참이 걸렸다. 그래도 일어났고, 다음 발자국을 용감하게 걸어가 볼 수 있었다.

아마 누구나 인생의 시련을 겪으며 살아갈 것이다. 그 순간에 우리가 잊지 말아야 할 것은 나 자신을 미워하지는 말아야 한다는 사실이다. 아무의 탓도 아니다. 미워할 필요도 없고, 원인을 찾아 과거를 곱씹는 노력을 할 필요도 없다. 유감스럽게도 잠깐 머무른 시련에게 너무 오래 좌절만 하지 않으면 된다.

넘어진 후에 일어나려면 시간도 필요하고, 다친 상처에 바를 약도 필요하고, 마음을 다독일 위로도 있어야 한다. 마음이 시린 지금이라면 당신은 실컷 울고 웃으며 쉬어야 하는 때이다.

잠깐 머무른 시련 때문에,
스스로를 무너뜨리진 말았으면.

쉽게 놓이지 않는 미련 때문에
주춤한다면

o

　낮에 하늘에 떠 있는 달을 본 적이 있다. 맑게 푸르른 하늘에 혼자 덩그러니 남아있는 하얀색의 달을 물끄러미 한참을 바라보았다. 왜 벌써 나온 것인지, 혹은 아직 들어가지 못하고 남아있는 것인지 생각했다.

　우리는 그냥 지나치기엔 아쉬운 일들이 많아서, 크나큰 미련을 머금고 살아가고 있는지도 모른다. 그때 다른 선택을 했었더라면, 더 노력했더라면 같은 생각들을 하염없이 떠올리게 된다. 마음껏 상상하고, 좌절한다. 다른 선택을 했었더라면 지금보다 더 나았을 것 같은 자신의 모습은 왜 그리도 화려하고 괜찮아 보이는지 싶어서, 의기소침해진다.

방송사 교양국에서 PD로 일하고 있는 친구가 있다. 검정 단발머리를 하고 있는 그녀지만 몇 년 전에는 화려한 염색을 일삼는 인디밴드 가수였었다. 노래를 좋아하고 또 그만큼 잘했다. 내 개인적인 기준에서는 귓가에 맴도는 그녀 특유의 목소리가 예뻤다. 기타연주도 잘했고, 피아노로 작곡도 할 줄 아는 그녀였다. 언젠가는 티비에서 그녀의 목소리를 들을지도 모르겠다고 생각하던 어느 날, 그녀가 은발의 머리에서 짙은 갈색의 머리로 염색으로 하고 나타났다. 취업을 하기로 했다는 굳은 다짐과 함께.

그 당시 나도 취업에 대해서 아무것도 몰랐던 때였다. 인터넷에 떠도는 정보나, 교수님이 말해주던 내용이 전부였다. 어떻게 구체적으로 준비해야 하는 것인지 알려줄 수 있는 내용이 유감스럽게도 없었다. 모르는 사람끼리 머리를 합치면 뭔가 도움 될지 모른다면서 카페에서 우리끼리 거창한 계획표를 세우기도 했었다. 그녀는 언론고시 합격을 위해, 나는 취업에 필요한 자격증 획득을 위해 작은 탁자에서 서로의 건승을 빌었다.

그녀는 참 똑똑한 여자였다. 언제 혼자서 공부를 했는지는 모르겠지만, 노래를 부르면서도 학점이 좋았다. 맨날 노는 것 같았는데 늘 목표하는 것은 해내고야 마는 성격이었다. 그리고 그녀는 진짜로 언론고시에 합격을 했다. 모의 면접을 해보기도 했었다. 나는 항상 면접관 역할이었고 그녀는 지금껏 본 적 없었던 차분하고 진중한 지원자였다.

그렇게 누구보다 열심히 취업을 위해서 노력했던 그녀였다. 내가 옆에서 지켜봤던 모습으로는 방송국 PD가 되려고 태어난 사람처럼 열의를 가지고 준비했었다. 큰 방송사에 그녀는 당당히 합격자 명단에 이름을 올렸다. 그녀의 노력이 빛을 발하는 순간이었다. 잘했다는 말로도 부족해서 몇 번을 끌어안고, 다시 부둥켜안았다.

취업 축하를 위해서 근사한 요리를 먹어보자고 이탈리아 음식점으로 갔다. 파스타와 피자를 시키고 기다리면서 그녀가 대뜸 말했다.
"나는 방송국에 PD 말고 출연자로 가고 싶었는데, 세상이 호락호락하지가 않다."
그녀의 꿈이 무엇이었는지 알고 있었던 나는 가만히 그녀의 말을 듣고 있었다.

"조금 더 노래도 부르고 나름 가수 되어보겠다고 내 시간 투자하고 싶은데, 취업해야 하더라고. 너도 그렇고 나도 그렇고 다달이 용돈 받아서 사는데, 언제까지 이렇게 부모님께 의지할 수는 없는 거니까. 또, 나는 아빠가 곧 정년퇴직이시기도 하고. 내가 벌어야지."

그런 그녀에게 얼마나 멋있는지 말했다. 나보다 더 어른스럽고 똑똑한 네가 내 친구라 자랑스럽다며 호들갑스럽게 웃으며 분위기를 환기시켰다. 그 이후로 그녀는 취미로라도 보컬은 하지 않았고, 음악을 한다는 말은 듣지 못했다.

오랜만에 그녀를 만났다. 우리가 만났을 즈음이 유난히 나라가 시끄러울 때였고, 쉴 새 없이 쏟아지는 뉴스 속보 때문에 영혼까지 피곤한 상태처럼 보였다. 제법 방송사에서 일하는 게 익숙해 보여서, 나는 그녀에게 근사한 커리어우먼 같다고 말했다. 그녀는 가볍게 웃더니 음악을 그만뒀던 일에 대해서 후회가 된다며 한숨 쉬었다. 그때 같이 음악을 했던 그녀의 친구가 데뷔하기도 했고, 대형 소속사에 작곡가로 입사를 하기도 했다며 말했다. 자신도 그때 포기하지 않았더라면, 지금쯤 꽤 괜찮은 음악을 만들면서 지내고 있지 않았겠냐며 씁쓸하게 웃었다.

지금도 충분히 잘살고 있지 않냐는 말은 그냥 하지 않았다. 그녀는 지금 자신이 가보지 않은 길에 대한 미련이 아픈 상황이었다. 좋아하는 일을 하면서 어느 정도의 위치에 올라가 있을지 모르는 미래를 놓친 기분일 거라고 감히 추측했다.

쉽게 놓이지 않는 미련은 그만큼 무겁고 크기 때문이다. 아쉬움으로 쉽게 잠들지 못하는 것은 이루고 싶었던 일에 대해서 누구보다 열심히 살아냈다는 증거이다. 이미 지나와 버린 일이니까 그만 신경 쓰라는 말은 조금 슬플 것 같다. 절절했던 만큼 자주 떠오를 것이고, 완전히 잊혀지는 것은 당연히 어려운 일이다. 가끔 생각나고 문득 서글퍼지더라도 조금은 담담하게 넘기는 법을 익혀 나아가면 좋겠다. 현실과 타협하기 위해, 조금 더 빠른 길을 가기 위해 놓아야 했던 것들 때문에 오래 슬퍼하지는 않기를 바란다. 당신의 선택은 괜찮은 선택이었고, 지금도 잘 살아내고 있으니.

> 가끔 생각나도, 문득 서글퍼지더라도,
> **조금은 담담하게 넘기는 법을 익혀 나아가야 한다.**

여리고 착한 사람에게

о

 한때 하고 싶었던 것도, 곁에 있었던 것도 다 떠나보내야 하는 순간이 온다. 헤어짐에 눈물 흘리지 않고, 길고 무거운 한숨 한 번에 삼켜내는 법을 익히면서 우리는 어른이 된다. 어린 시절의 어리광은 숨길 줄 아는 그런 사람이 되는 것이다.

 의연하게 넘긴다는 말에 얼마나 큰 어려움이 담겨있는지, 괜찮다는 웃음에 무거운 걱정이 어느 정도로 깊게 녹아있는지 알 수 있는 힘이 생긴다. 누군가에게 걱정 끼치고 싶지 않은 마음에 괜찮은 척 표정 짓는 것에 능숙해진 배려를 안다.

 여리고 착한 사람아.
미련하게 혼자서 한숨 한 번에 감추려고 해도 감추어지지 않는 힘듦이 있다면, 다 털어놓아도 괜찮다. 아무리 어른이라고 하더라도 이곳저곳 멍이 들어버린 마음을 버텨내기는 어려운 법이니까.

내 단점을
인정할 때

완벽주의
자기 자신의 수행 기준을 매우 높이 잡는 경향 또는 결함이
없이 완전함을 추구하려는 태도.

o

 언제 어디서 생겼는지 모를 멍이 내 다리 곳곳에 늘 자리하고 있다. 남편이 가끔 이건 어디서 다친 것이냐고 걱정할 때가 있는데, 나도 도무지 어디서 부딪힌 건지 알 수가 없다. 아마 거실에서 소파 테이블에도 몇 번 부딪혔을 것이고, 작업실 방 책상 서랍에다가도 오다가다 정강이 부근에 멍이 생겼을 것이다. 덤벙거리고, 무디고, 한 가지에 몰두하면 다른 것에는 신경 쓰지 못한다. 나는 이런 사람이다.

 예전부터 나는 실수가 많은 사람이었다. 고등학생 때 전국모

의고사에서 100점을 맞을 수 있던 수리영역 시험지였는데, 실수로 2점짜리 문제를 틀렸다. 98점인 성적표를 가져가 엄마 아빠 속을 애타게 만들곤 했다. 반복해서 확인해보기도 하고, 메모를 자주 하는 습관을 만들어서 노력했었다. 유감스럽게도 실수가 완전히 사라지지는 않았다. 이상하게 몇 번을 확인해도 실수한 부분이 보이지가 않는다. 여전히 나는 종종 실수한다. 대신에 의연하게 그다음을 대처할 수 있는 침착함이 생겼다는 것만 달라졌다.

원고를 쓰고 있거나, 일하고 있을 때 주변 사람이 했던 말은 잘 기억하지 못한다. 내가 하는 일에 관련된 내용이 아니라면 저절로 뇌에서 밖으로 뱉어버리는 것이다. 엄마는 내가 남에게 관심이 없어서 그렇다고 하는데, 아마 그것도 맞는 말인지도 모르겠다. 남이 퇴근하고 어디를 가기로 했다는 계획이나, 자신의 남자친구와 주말에 어디를 가기로 했다는 타인의 개인적인 이야기까지 관심 가질 필요는 없다고 생각한다. 이런 성격 때문에 나에게 했던 말을 왜 기억하지 못하냐고 서운함을 토로하는 사람도 있었다. 그럴 때면 나는 멋쩍게 웃으며 넘기곤 한다. 일의 경중을 따지면서 행하는 게 더 편한 나에게, 가벼운 농담까지 기억하는 것은 아직도 버거운 일이다.

부족한 점이 여러 개이지만 이런 내가 밉다거나 싫지가 않다. 어디에도 완벽한 사람은 존재하지 않는다는 것은 당연한 사실이다. 나 역시 사람이고 완벽하지 않음을 있는 그대로 받아들인다. 단점들을 고치기 위해서 노력했던 시간을 지나, 내 단점을 부정하지 않고 인정하게 되면서 한결 마음이 편안해졌다.

완벽해져야 한다는 말도 안 되는 이상한 강박에서 벗어난 느낌이었다. 대단한 잘못을 하는 게 아니라 정정할 수 있는 사소한 실수라면 굳이 자신을 크게 질책할 일도 아니었다. 중요한 일에 무엇보다 집중해서 최선을 다하느라 다른 것을 놓치게 되는 것도 크게 문제 되지 않았다. 다이어리에 빽빽하게 적어놓은 계획과 다짐대로 살지 않고, 조금은 말랑하게 살아가도 아무 문제도 일어나지 않았다.

완벽주의자가 될 필요는 없다. 완벽주의라는 단어가 갖고 있는 사전의 의미는 행동을 완벽하게 끝낸다는 것이 아니다. 자기 자신의 수행 기준을 매우 높이 잡는 경향이라고 적혀있다. 자신을 피곤하게 만드는 기준은 굳이 만들 필요는 없다. 삶은 늘 예상할 수 없는 일이 발생하는 것이고, 처음부터 끝까지 완벽함을 이뤄내기란 모두에게나 어려운 일이다. 유연하고 부드러운 보폭을 확신으로 길게 만들어주는 게 삶의 효율로 다가온다.

　아마 우리는 과거에도, 지금도, 앞으로도 불완전할 것이다. 그 불완전함을 만들어내는 게 치명적인 단점이 아니라면 그냥 편안하게 넘겨도 된다. 완전하지 못한 모습 자체가 나라는 사람이라는 것을 인정하는 게 중요하다. 모든 것이 다 갖추어지고, 작은 결함도 없는 사람이라서 존재의 소중함이 있는 것이 아니다. 그저 당신이라는 사람이 존재함으로 인해 그 자체만으로도 귀중함이라는 것을 잊지 말아야 한다.

꺼지지 않았을 불씨

o

내 안에 어린 날의 패기가 남아있을까. 문득 궁금해졌다. 일단 부딪혀도 괜찮다고 생각했던 의기양양한 나는 저 어딘가로 사라진 기분이었다. 조심해야 할 것이 너무 많고, 잃지 말아야 할 것이 늘어나서 열정이라고 불리던 불꽃 같은 건 사라진 것 같다.

시작해도 괜찮을지 수십 번을 고민하다가 주저하고, 다시 해봐도 될지 몇 걸음을 걷다가도 멈칫하게 된다. 성공하지 못하면 어떡할까에 대한 두려움과 너무 늦어버린 건 아닐지에 대한 걱정이 우리를 막고 서있기 때문이다.

실패해도 괜찮고, 늦어버린 건 없다. 성공하지 않았다고 해서 모든 게 엉망이 되어버리는 것은 아니다. 주춤거리기는 하겠지만, 완전히 끝이 나는 일은 없다. 늦게 시작했어도 시작했다는 것이 먼저이다. 지금 시작했기에 벌써 이만큼이나 올 수 있었다는 걸 알아야 한다.

여전히 당신의 가슴 한쪽에는 작은 불씨가 타오르고 있다. 무엇이든 할 수 있고, 될 수 있는 당신이라고 말하고 있다.

계획대로 되지 않았다고 해서,
모든 게 엉망이 되어버리는 것은 없다.

가장 맛있는
　　커피 한잔

○

 에스프레소 기계로 커피를 추출할 때 주의해야 하는 것은 여러 가지인데, 그중에서 원두 가루가 기계에 머무는 시간을 가장 신경 써야 한다. 적절한 시간 동안 정해진 양의 원두에서 커피가 추출되어야 한다. 너무 빨리 나오면 싱거워지고, 너무 느리게 나오면 쓴 에스프레소가 나오게 된다.

 우리의 일상도 마찬가지이다. 어떤 일을 할 때 누구나 다 겪어가야 하는 적당한 시간이라는 게 존재한다. 과하게 빨리 가려고 서두르다가 중요한 것을 놓치게 될 것이고, 여유 부리면서 심하게 느긋하게 걸었다가는 목표했던 것을 이루지 못하게 될 것이다.

적당한 시간의 기준은 지금 당신의 속도 그대로이다. 누가 어디서 무엇을 하고 있는지는 중요하지가 않다. 당신만의 속도가 자신에게 딱 맞는 적당함이다. 남과 비교하면서 급히 가려 하지 말고, 뒤따라오는 누군가를 보면서 만족할 필요도 없다.

  지금처럼 자신만의 온도와 시간으로 당신의 가장 맛있는 커피 한잔을 내리면 된다.

적당한 시간이라는 것은 분명히 존재한다.
당신이 원하는 온도와 원하는 맛의 커피를 마시는 그 순간에.

무언가를 손에 쥐고 있다면

o

 살아가다 보면 선택해야 하는 상황에 놓이기 마련이고, 다시 그 선택에서 포기해야 하는 것들이 생기곤 한다. 무엇을 택하고 어떤 것을 포기해야 하는지 고민하는 과정이 반복되는 게 삶의 형태이기도 하다.

 하나를 붙잡기 위해서는 다른 하나를 놓아야 하는 경우가 대부분이다. 모든 것을 손에 쥐고 있으려고 하면 결국 다 잃게 되는 경우가 더 많다. 그러니 어떤 것이라도 스스로가 선택한 것이 한 손에 쥐어져 있다면 그것으로 충분하다는 것을 잊지 말아야 한다.

놓아야 했던 것이나, 포기해야 했던 것에 대해서 오래 앓고 있지는 않았으면 좋겠다. 아쉬움이 남더라도 그렇게 우리는 선택을 하면서 살아간다. 잃어버렸다고 생각했던 것이 어느 날 다시 돌아올지 모르고, 놓쳤다 생각했던 기회가 또 한 번 생길지도 모른다. 예상할 수 없고 섣불리 판단할 수 없는 것이 인생이기에. 나는 당신이 지금 선택하고 있는 그 무언가에 대해서 온 힘을 다하길 응원한다.

그런 날이 있었기에

。

 자꾸 뒤를 돌아보는 것이 습관이었다. 어디까지 온 것인지 확인하기 위해서, 지난날에서 내가 실수한 것이 어떤 것이었는지 다시금 확인하기 위해서 늘 뒤돌아보았다. 어제를 잘 살아왔는지 확인하는 것도 좋고, 지난 시간에서 얼마나 열심히 걸었는지 마음을 다잡아보는 것도 중요하지만, 더 중요한 것이 있다는 것을 깨달았다. 어제보다는 오늘의 나 자신이었다. 이미 나아가버린 시간에서 과거의 순간에 연연하게 되면 더 큰 발걸음을 내디딜 수는 없었다.

 혹시라도 이미 지나버린 어느 순간에서 후회가 있다 하더라도 그냥 넘어가면 된다. 그때의 작은 실수가 있어서 오늘의 단단한 당신이 있는 것이기에. 지금 이 순간을 누구보다 참 잘 살아내고 있는 당신이기에.

오늘도
　　행복해지고 있다

○

　결혼하고 달라진 점이라면 식사 시간이 무척 즐거워졌다는 점이다. 혼자서 지낼 때도 여러 가지 음식을 만들어 먹는 것을 즐겼었다. 혼자 살아도 먹는 것만큼은 예쁜 그릇에 맛있게 먹어야 한다는 엄마의 말을 잘 들었었다. 그래도 컴퓨터 모니터로 틀어 놓은 영상을 바라보며 먹는 밥상은 가끔 퍽퍽하곤 했다. 간이 맛있게 잘 된 제육볶음을 혼자서만 먹기에는 아쉬울 때도 있었다. 혼자일 때와 다르게 남편과 함께하는 식탁은 포근하고 따뜻해서, 혼자서 배를 부르게 하기 위해 먹었던 느낌과는 다르다. 밑반찬 하나에도 맛있다면서 반달눈이 되어 웃는 남편이 있어서 밥을 먹는 시간이 작지만 큰 행복으로 다가온다.

　동네에 과일과 야채를 함께 판매하는 작은 가게가 하나 있다.

우리 부부의 단골 매장이라서 반찬거리를 사러 남편과 함께 종종 들리곤 한다. 포슬포슬한 햇감자 몇 알과 두부, 시금치 한 단을 사서 돌아오는 길이 괜스레 뿌듯해진다. 달콤 짭짤하게 감자조림을 하고, 들기름에 구운 두부와 먹을 양념장을 만들고, 참깨를 솔솔 뿌린 시금치 무침을 해서 저녁을 먹자며 둘이 콧노래를 흥얼거리며 집으로 향한다.

먹고 싶은 음식이 있고, 그 재료를 사서, 꽤 괜찮은 맛이 나게끔 요리할 수 있는 법을 알고 있는 것은 참 감사한 일이다. 무엇보다도 가장 감사한 일은 따뜻하게 완성된 음식들을 함께 맛있게 먹을 수 있는 사람이 있다는 일상이다. 문화센터를 다니면서 어설프게 배운 레시피로 만들어낸 반찬들을 남김없이 먹어주는 남편 덕분에 함께하는 식사가 늘 기다려진다. 단순히 밥을 먹기 위해서 먹었던 것과는 다르다. 한 끼의 식사에 담긴 서로를 향한 응원이 고스란히 느껴진 온기가 더없이 따뜻하다.

나는 그가 좋아하는 반찬들을 더 자주 식탁에 올린다. 남편은 조금 싱겁게 끓여진 찌개 한 숟갈에도 세상에서 가장 맛있다며 다정한 웃음을 보낸다. 늘 이렇게 살아가고 싶다. 내가 넘어져서 무릎 언저리에 생채기가 나면 나를 업어서 괜찮다고 달래주는 남편이 있을 테고, 그가 잠시 길을 헤매고 있으면 그의 손을 단단히 잡고 가야 할 길을 알려주는 내가 있을 것이다. 화려하지는 않아도 소담하고 따뜻한 식탁에 앉아서, 밥 위에 각자 좋아하는 반찬을 올려주며 날마다 아껴주며 살아가고 싶다.

당신이라는 사람으로 오늘도 행복해지고 있다.

흘러가는 대로
내버려 두지 말기

○

 쓸쓸함과 먹먹함을 생각보다 자주 겪었던 탓에 불안함과 걱정을 무겁게 짊어진 채로 지내게 된다. 어떠한 감정도 반복되면 무뎌지듯이 살아감에 대한 불안감도 무뎌지다가 결국에는 어느 정도 포기하게 된다. 사람으로 가득한 지하철 출퇴근 길에서, 막혀있는 도로 위에서, 글자 가득한 책상 위에서 삶을 버틴다는 표현이 더 익숙한 당신일지도 모르겠다.

 지쳤더라도, 마음 한쪽이 답답하고 무거워졌다 하더라도 자신의 삶을 관망하지는 않았으면 좋겠다. 풍경을 바라보듯 멀리서 흘러가는 대로 내버려 두지 말고, 그 안에서 삶이라는 것을 부둥켜안고 살아내야 한다. 이리저리 흔들려보기도 하고, 불안함에 밤을 지새워보기도 하고, 걱정으로 초조해도 하다가, 반쯤 포기하는 심정으로 주저앉아있으면 안 된다.

해가 뜨는 것도, 꽃이 피는 것도 다 일정한 대가 있는 법이다. 지금 삶의 모양이 생각과는 다르게 작아 보인다면, 아직 이른 시간일 뿐인 것이다. 자신의 한계를 단정 지을 순간이 아니다. 마음에 품고 있었던 삶의 목표를 쉬이 져버릴 수는 없다. 당신의 가능성이 아직 너무 커다랗게 남아있으니.

글자, 사랑.

○

 시아버님의 서재는 나만의 작은 도서관이다. 한쪽 벽면 가득히 있는 책들을 보고 있노라면 마음이 몽글몽글해지곤 한다. 인문 서적, 교양서적, 전공 서적, 소설, 에세이까지 다양한 분야의 책들로 꽉 찬 그곳은 아버님의 애정이 어린 손길이 담긴 곳이다.

 시댁에 가면 아버님은 서재에서 내가 보고 싶은 책이 있으면 가져가라고 말씀하신다. 나는 보고 싶었던 책을 한 권 집으로 가져와서 설레는 마음으로 책을 읽는다. 꽤 여러 번 책을 빌려서 읽었는데, 그중에서도 아버님이 직접 추천해준 소설이 지금까지도 잊히지 않는다.

잔잔하게 온기 어린 문체가 특징인 소설이었다. 서점을 배경으로 일어나는 일들과 주인공의 내면적인 성장기를 담은 줄거리였다. 늘 내가 읽고 싶은 것을 가져가라고 하셨는데, 왜 이 책은 꼭 읽어보라고 주셨는지 생각했다. 아버님은 한 분야만 정해 놓지 않고, 여러 가지 분야를 섞어서 다독하신다. 어떠한 분야의 책에서도 다 느낄 게 있고, 배울 점이 있다고 하셨던 말을 떠올리며 책을 천천히 눈과 마음에 담았다.

이 책을 주신 이유를 다 읽어갈 즈음 알 것 같았다. 단순히 재밌는 한 편의 이야기라서가 아니었다. 그 안에는 나를 향한 응원과 사랑이 담겨 있었다. 글을 더 잘 쓰고 싶어 하고, 조금 더 다양한 내용의 글을 쓰고 싶어서 고민하는 나를 위한 마음이었다.

원고 탈고를 하거나, 책을 증쇄하거나, 기쁜 일이 있을 때면 내가 가장 좋아하는 고기를 먹으러 가자고 작은 축하 파티를 열어주신다. 그럴 때면 나는 이런저런 고민들을 말하고, 아버님은 또 내 고민에 대한 여러 생각을 말해주신다. 글자의 집합을 만들어내는 일을 하는 나에게 새로운 집합의 형태나, 내가 몰랐던 글자들의 다른 역할과 매력에 대해 알려주셨다. 시아버님과 며

느리로의 단조롭고 형식적인 대화들이 아니라, 책을 좋아하고 글을 아끼는 사람으로의 따뜻한 대화들을 나는 무척 좋아한다.

그 당시의 큰 고민은 오래도록 글을 쓰고 싶은데, 가진 에피소드들을 다 써버리게 되면 어떻게 할 것인가였다. 비슷비슷한 이야기들은 안 되고, 특징적이고 조금 더 자극적인 에피소드를 써야 하는 건 아닐지 걱정이 됐었다. 아버님은 그런 내 고민에 대한 해답을 담고 있는 책을 고심해서 골라주셨다.

그 책에는 상식을 뛰어넘는 자극적인 소재도 없고, 누구나 어디서 한 번쯤 지나가 봤을 법한 흔한 배경이었다. 그래도 나는 책을 읽는 내내 소설 속 마을 어귀의 서점에 푹 빠져있었다. 책을 만들어내고 판매하는 내용이 이렇게 재미있어도 되나 싶을 정도였다.

책을 다 읽고 아버님께 갖다 드리면서 그동안 혼자서 고민했던 것들의 해답을 조금은 찾은 것 같다고 말씀드렸다. 아버님은 다행이라며 웃어주셨다. 책을 읽으면서 느꼈던 점들과 주인공들이 나중에 어떻게 살고 있을지 궁금하다는 내용을 아버님께 메시지로 보냈다. 곧 긴 답장이 왔다. 아버님이 책에서 느끼셨던 생각들과 소설의 다음 이야기를 해주셨다. 그 책의 후속 작품이 나왔다는 소개와 간략한 줄거리를 설명해주시면서, 원한다면 후속작도 가져가서 읽어봐도 좋다는 내용이었다.

그렇게 글 때문에 찾아왔던 나의 사춘기가 끝이 났다. 소재가 떨어진다는 것은 작가에게 시한부의 삶과 다름없어서 가장 무서운 일이다. 좋은 소재가 있으면 무엇이든지 해보고 싶을 정도였다. 특별한 내용을 써야 한다는 나의 생각은 그렇게 맞지 않았다는 것을 깨닫게 되었다.

우리가 살아가는 삶이 한 편의 소설이고, 일상에서 겪는 일들이 더없이 소중한 순간이 아니겠냐는 아버님의 말이 잔잔하게 떠올랐다. 모든 순간을 소중하게 느끼고 담는 것이 중요했다. 눈을 뜨면 시작되는 하루를 당연하다고 생각하지 않으려고 노력했다. 글을 쓸 때도 굳이 눈에 띄는 다른 소재를 찾지 않아도 되듯이, 우리의 삶에서도 무언가를 굳이 찾지 않아도 됐었다. 일하고, 쉴 수 있고, 사랑하는 사람과 함께하는 저녁을 먹을 수 있는 것 자체가 특별함이었다.

원고의 탈고가 곧 끝날 것 같다고 엊그저께 전화를 드렸다.

이렇게 일을 할 수 있다는 것 자체만으로도 요즘은 많이 즐겁고 행복하다는 내 말에, 아버님은 다행이라며 웃으며 대답했다. 출근하고 퇴근하는 일상이고, 그 안에서 간간이 즐기는 취미생활이 있는 가장 평범한 삶이 얼마나 큰 행복이겠냐는 아버님의 말에 나도 깊이 동감했다.

자신의 삶을 감사하게 느낄 수 있고, 작은 일에서 행복함을 느낄 수 있다면 우리는 더 많이 행복해질 것이다.

"다가올 날들의 곳곳에서 행복한 순간들을 많이 찾아내기를."

지금
   그
    대
    로

°

 더 잘해야 한다는 생각에 자주 휩싸인다. 주변에서도 모든 일은 노력 여하에 따라서 결과가 달라진다고 말하는 경우가 대부분이다. 아쉬운 결과에 대해서 노력 부족이나, 게으름으로 치부해버리기도 한다. 아이러니하게도 막상 봐보면 그것이 아닌 경우가 더 많다. 아무리 노력했어도 유난히 따라주지 않은 운을 어찌해볼 수 있는 것이 아니고, 달려가고 싶어도 환경이 뒷받침되어주지 않으면 쉽사리 뛰어가기란 어렵다.

 강한 바람이 불면 흔들리는 거고, 비가 내리면 젖어 드는 것이다. 그것은 어떻게 막을 수 있는 일이 아니다. 마찬가지다. 인생에서 잠시 바람이 불었고, 비가 내렸던 것뿐이다. 그게 당신의 잘못도 아니고, 부족함도 아니다.

 무언가를 더 노력해야 한다거나, 자신이 부족하다고 느끼는 생각은 조금 증발시켰으면 좋겠다. 충분히 잘하고 있고, 당신의 노력 또한 얼마나 빛나도록 소중했는지 안다. 아쉬운 점에만 모든 것을 집중시켜서 자신을 작게 만들어서는 안 된다. 더 잘해야 한다고 자신을 자책할 필요는 없다. 지금의 가고 있는 방향 그대로면 된다. 당신의 모습 지금 그대로.

괜찮지 않은 날에
괜찮을 수 있도록

o

　몸 이곳저곳에 고장 난 곳이 많아서, 고등학생 때부터 정형외과를 자주 다녀야 했었다. 의사도 원인을 정확히 알 수 없다는 특발성 척추 측만증이 시작이었다. 살짝 휘어있는 각도는 일상생활에 큰 지장이 없는 병이지만, 나의 경우는 달랐다. S자로 척추가 휘어있는 두 군데의 각도가 각각 39도였다. 개인병원에서는 대학병원 진료를 추천했고, 나는 대학병원에서 심각하다는 진단을 받았었다. 그때 나이가 19살이었다. 너무 심하게 휘어버린 허리였다. 치료 시기를 놓쳤다는 말을 들었다. 허리를 펼 방법은 수술이 유일했다. 척추 측만증의 수술은 디스크 수술과 다르게, 척추의 처음부터 끝까지 전체를 다 철심을 박아서 인위적으로 1자로 만들어내는 아주 큰 수술이라고 했다.

초등학생 때부터 고등학교를 졸업할 때까지 부모님은 나를 데리고 여러 병원들을 다니며 다양한 치료를 받게 해주셨었다. 그런 노력이 아무 소용이 없었다. 허리는 망가져 있었고, 이미 목디스크는 시작된 상태였다. 성인이 된 이후로도 정형외과에 자주 다닐 수밖에 없었다. 목디스크가 심해져서 오른팔이 저리기 시작했기 때문이었다. 약물치료도 병행하고, 물리치료도 병행했었다. 휘어버린 허리를 가지고서 반듯해 보이는 자세를 억지로 만드는 것이 역효과였는지, 결국은 요추 디스크까지 오고서야 나는 침대에 누워 엉엉 울어야 했다.

목디스크 때문에 두통은 늘 있는 것이었고, 요추 디스크 때문에 오래 서 있게 되면 꼬리뼈가 찢어지는 듯한 통증을 느낄 수밖에 없었다. 이십 대 초반 나에게 찾아온 통증들은 나를 떠날 생각이 없었다. 유명한 병원을 찾아가 보아도 해주는 말은 다 같았다. 절대 오래 서 있지 말 것, 무거운 물건은 들지 말 것, 쪼그려 앉거나, 반복적으로 물건을 옮기는 듯한 행동은 하지 말 것, 견디기 힘들면 수술을 생각해볼 것. 대부분 나이가 들어서 걸리는 것인데, 너무 이른 나이에 온 탓에 더 신경 써서 관리를 해줘야 한다고 당부했다. 유감스럽지만 내가 나아질 수 있는 방법은 딱히 없다고 했다.

그리고 한참이 지난 지금의 나는 여전히 통증을 떨쳐내지 못했다. 늘 오른쪽 머리가 아픈 것은 사라지지 않았다. 조금이라도 높은 구두를 신고 있으면 욱신거리는 통증을 참아내야 한다. 이십 대 초반의 나와 달라진 점이라면 그 통증들을 타인에게 굳이 티 내지 않는 법을 터득했다는 것뿐이다. 아프다고 말한다고 해서 나를 치료해줄 수 있는 사람이 존재하지 않다는 것을 잘 알게 되었다. 경력이 많다는 의사들도 내 허리 엑스레이 사진을 보면 놀라워할 정도이다. 그런 허리를 가지고 어떻게 멀쩡한 얼굴로 걸어 다니냐고 묻곤 한다.

아마 나뿐만이 아니라 대부분의 사람이 마찬가지일 것이다. 내가 디스크 때문에 아파하듯이 마음의 통증이나, 어딘가의 통증을 갖고서 참아내며 살아가고 있다. 아무렇지 않은 척 웃는 얼굴이라던가, 별일 아니라는 듯 의연한 척하는 표정은 힘듦을 감추는 법만 더 많이 익혔다는 뜻이다. 그렇게 쉽게 괜찮아지지 않을 일이 더 많다. 치료 시기를 늦었다고 말하듯이, 괜찮아질 수 있는 시기를 스쳐지나가 버렸을 수도 있다. 진통제에 의지하는 것도 몸에 미안해서 그냥 참게 되듯이, 어느 정도의 힘듦까지는 그냥 눈 한 번 질끈 감고 참아낸다.

다 그렇게 아픔 한두 가지쯤은 안고 살아간다. 괜히 드러내놨다가 이런저런 소리를 듣고 싶지가 않아서 혼자서 앓는 게 더 편하다는 것을 느낀다. 나도 모르게 새어 나오는 한숨에 담긴 마음속 무게를 알고 있다. 기억의 편린에 담긴 쓰라림이 얼마나 따가운지도 알고 있다.

당신의 얼굴에 미소가 자주 지어졌으면 좋겠다. 괜찮지 않은 날이더라도 꿋꿋하게 그렇게.

> 어느 정도의 힘듦까지는 그냥 눈 한 번 질끈 감고
> 참아내는 법이 필요하다.
> 가끔은.

걸음이 조금 고단할지라도

o

  살아감에 있어서 책임져야 했던 것들은 더 선명해지고, 고마움과 미안함의 경계는 모호해지는 게 어른이 되는 과정이었다. 사랑하는 사람들이 나로 인해 더 행복했으면 싶어서 더 열심히 살아내고, 그들에게 고마운 마음을 다 갚고 싶어서 부지런히 노력하게 된다.

  지켜내고 싶은 것이 많아서 어렸던 날들보다 어쩌면 더 겁쟁이가 됐을지도 모른다. 그만큼 조심스럽고 절실하게 소중한 것이기 때문이다. 작지만 강인한 어깨로 단단히 메고 가고 있는 많은 것들을 안다. 걸음이 조금 고단할지라도 그 모든 과정 덕분에 당신이 빛날 것이라고 믿는다.

불안함을 불안해하지 않기를

о
.

 두려움이라는 것은 어디에서 오는지 알 수도 없고, 어떤 형태로 자리 잡았는지도 알 수가 없어서 더 아득한 기분이 든다. 문득 생겨나는 걱정들이 자꾸만 이어지듯이 커지는 탓이기도 하는데, 그 걱정의 성장을 멈출 수 있는 사람은 사실 자기 자신밖에 없다.

 어떠한 고민이라고 하더라도 그것이 생각보다 괜찮아질 확률이 더 높다. 걱정한 것처럼 좋지 않은 일이 생기는 경우는 드물다. 계속해서 새롭게 태어나는 고민들이 당신을 힘들게 괴롭힐지도 모른다. 어둠은 너무 캄캄해서 앞이 보이지 않게 만들듯이, 고민은 당신을 암담하게 만들어서 앞을 볼 수 없게 만들어버린다.

걱정들과 두려움에 휩싸여 작아지지 않았으면 좋겠다. 아무리 커다란 고민이고 너무 거대한 두려움이라 하더라도 우리를 무너지게 하지는 못할 것이다.

 불안정이라는 단어가 파생시킨 여러 감정으로 잠식하기에는 꽤 예쁜 밤이다. 결국은 잘 이겨낼 당신이라는 것을 잊지 말고 오늘은 좋은 꿈 꾸기를

언제나 당신의 편

o

하고 싶은 말이 있어도 머금어야만 하는 이유가 분명한 경우가 더러 있다. 어쩔 수 없지만 참아내야만 하는 그런 상황도 찾아온다. 누군가는 이런 것을 사회생활이라고 표현한다. 더 나아가 사회라는 틀 안에서 살아내기 위해서는 어쩌면 필수적으로 가져야 하는 미덕 중에 하나라고 하기도 한다.

애써 참느라 고단한 날들을 지새우고 있는 당신에게, 그래도 당신을 진심으로 응원하는 내가 있다는 것을 전해주고 싶다. 혼자서 속으로 참아내고 앓느라 한쪽 가슴이 아파지지 않게 어떤 말이라도 해도 괜찮다고. 무슨 모양의 당신이라도 나는 언제나 당신의 편이니.

새로운 것을 해보고 싶은데
머뭇거리는 사람에게

o

대한민국 최고의 의대를 졸업한 박사님이 있었다. 의사로 삶을 살아가면서 늦은 나이에 새로 흥미를 붙인 글짓기라는 취미 생활을 위해 나를 찾아왔다. 염색하지 않은 흰머리였지만 적어온 글을 읽을 때 그의 눈은 20대의 소년 같았다. 의과대학 동문끼리 주최하는 글쓰기 대회에서 수상권에 들지 못했다며 가져온 그의 원고는 한 편의 소설 같았다. 아픈 사람을 살려내는 직업의 선봉에 서있는 대학병원 교수의 삶이 고스란히 담겨 있었다.

그에게 작가로의 삶을 시작해보는 것을 추천했다. 그는 나이 들어서 어떻게 뭘 새로 해보겠냐고 말하며, 고개를 저었다. 의사들이 쓴 책이 나오는 것도 다 젊은 사람들이 하는 것이라, 자신은 안된다고 그랬다. 자비로 기념용 책 한 권을 내고 싶을 뿐이지, 정식으로 작가 데뷔를 하기엔 늦은 나이라고 말했다. 그를 붙잡고 설득했다. 기념용 책이어도 서점에서 책을 만나볼 수 있게 도와드리겠다고, 딱 1년만 같이 고생해보자는 내 말에 그는 조금 고민했다. 몇 번의 망설임 끝에 원고 준비를 시작했다.

그는 추가로 여러 편의 글을 쓰고, 적어온 모든 글을 모아서 한 권의 책이 될 수 있는 원고를 만들어냈다. 원고를 몇 번이고 다시 읽어야 하는 퇴고 과정을 그는 묵묵하게 견뎌냈다. 나도 함께 읽으며 교정 교열과 윤문 작업을 도왔다. 오랜 경력의 신경외과 의사에서 신인 작가로의 새로운 도전을 함께하는 과정이었다. 남들과 다른 출간기획서를 다시 기획하기 위해 며칠을 연구하고 의논했다. 원고와 출간기획서가 완성되었고, 그는 출판사마다 가지고 있는 성향에 맞게 투고 메일을 보냈다. 며칠 후 그에게서 연락이 왔다. 출간 계약을 하자고 하는 출판사들이 나타났다고. 그가 1년이라는 시간 동안 틈틈이 글쓰기에 도전한 결과였다.

그는 63세에 신인 작가 데뷔에 성공했다. 어떤 일이라도 시작이라는 것은 제법 설레고 그만큼 긴장이 되는 일이다. 그는 상기된 목소리로 나에게 고맙다는 인사를 전했다.

"큰 애 나이가 서른다섯입니다. 나는 당연히 할아버지라고 생각했고, 그래서 인생의 마지막을 정리해야 한다고만 생각했어요. 작가님 덕분에 다시 해야 할 일이 생겼습니다. 베스트셀러 작가가 되는 날까지 또 한 번 열심히 살아보겠습니다. 이제는 스승과 제자 말고 경쟁자로 오래도록 인연을 이어가고 싶습니다."

그는 50대에 갑자기 발병한 병세 때문에 큰 수술을 했었고, 그 후유증으로 긴 우울증을 겪었다. 긴 터널의 끝 무렵에 나를 만났던 것이었고, 이제야 터널 밖으로 걸어 나온 것처럼 보였다. 단순히 글을 쓰는 법을 알려주고, 기획하는 것을 함께하는 과정이 아니라 더 큰 무언가를 이뤄낸 기분이었다. 유난히 그의 원고에는 애정이 갔고, 꼭 출간 계약이 성공할 수 있도록 도와주고 싶었다. 아마 우리 아버지 연배의 남자들에게서 나오는 특유의 아쉬움이 담긴 분위기 때문이었다. 평생 가정을 위해서 일하느라 나이가 들어버린 중장년의 가장이 갖고 있는 온화하면서도 어딘가 쓸쓸해 보이는 표정이 잊혀지지가 않았다.

새로운 것을 해보고 싶어도, 도전을 주저하게 되는 데에는 다양한 이유가 있을 것이다. 여러 가지 현실적인 이유들 중에서도 나이라는 벽이 가장 크게 다가오는 것은 어쩔 수가 없다. 먼저 살아본 연장자가 아직 그 나이는 무엇이라도 시작하기 좋은 나이라는 말이 그다지 위로가 되지 못하는 경우도 많다. 나는 수강생이었던 그에게 나이는 큰 문제가 되지 않고, 언제라도 하고 싶은 일은 시작하면 이뤄낼 수 있다는 것을 꼭 전해주고 싶었다.

의구심이 들면 그것을 확신으로 바꿔내면 된다. 할 수 있을까 싶은 불안감을 해냈다는 결과로 만들면서 우리는 살아낸다. 해내지 못할 일은 없고, 해보기에 늦은 때는 없다. 자신에게 의문이 든다면, 다시 자신에게 답해줄 때이다. 할 수 있다고.

할 수 있다고.
다시 자신에게 답해줄 때이다.
자신에게 의구심이 든다면.

엄
마

자신도 그 소중한 한 명의 딸이라는 사실을 잊은 채
지내온 수많은 날이여.
그을린 시간들은 다 잊고 웃음꽃 환히 피우길.

o

 모든 모녀 관계가 그러하듯, 나에게도 엄마는 누구보다 특별하고 소중한 존재이다. 결혼식 때 온 친구들이 신부인 나보다도 너무 예뻐서 놀랐다고 할 정도로 엄마는 참 예쁜 사람이다. 아빠는 엄마에게 첫눈에 반했다고 한다. 엄마는 말수도 워낙 없는 사람이었는데, 다정하고 똑똑한 아빠가 아주 좋았던 모양이다. 스무 살, 대학교 새내기 시절부터 7년을 아빠와 쭉 연애를 해왔었다. 태어나서 만난 남자라고는 아빠밖에 없는 게 하나도 아쉽지가 않다고 웃는 그녀는 꽤 사랑꾼이다.

검정 긴 머리의 아가씨가 이제는 단발머리의 중년의 여인이 되었다. 여전히 겁도 많고, 친구보다 아빠가 좋다며 아빠밖에 모르고, 책을 읽다가 좋은 구절이 있으면 다이어리에 적어두는 소녀 같은 엄마이다. 엄마의 취미생활이었던 서예는 이제 더욱 발전해서 여러 대회에서 수상을 하고 있다. 조용한 게 세상에서 제일 좋다고 말하는 그녀는, 아무도 없이 혼자서 글자 한 획을 긋는 순간이 더없이 행복하다고 말한다.

 엄마가 내 어린 시절을 사진으로 열심히 담아두었듯이, 나도 글자로 엄마의 사랑스러운 점들을 담아두곤 한다. 문득 한 번씩 엄마가 너무 보고 싶어지는 날에 사진을 꺼내 보듯이, 엄마의 작은 습관이나 나에게 해줬던 응원의 말이 적힌 공책을 꺼내 읽는다.

 엄마는 전화를 할 때면 남편의 안부를 먼저 묻는다. 엄마도 결혼을 하고 나서 외할머니께서 전화를 해서는 아빠 안부를 먼저 묻고 챙겼다고 한다. 그때는 왜 그런지 몰랐었는데, 이제야 조금 알 것 같다며 엄마는 웃음을 지었다. 내가 왜 그런 것이냐고 묻자 '너도 딸 낳아서 결혼시켜봐. 사위가 생겼다는 게 얼마나 행복하고 좋은지 너도 알 거야.'라며 웃었다. 장모님이 된 엄마는 우리 외할머니가 그랬던 것처럼 종종 사위의 건강을 걱정하고, 사위가 좋아한다고 하는 사골을 종일 끓여다가 가져다주신다. 우리 박 서방이라는 표현을 자주 쓰시는데, 부모의 자리에서 사랑할 수 있는 귀한 존재가 하나 더 생겼다는 것은 엄마에게 더없이 큰 기쁨인 것 같았다. 남편과 내가 함께 준비하는 저녁 식사 메뉴를 종종 궁금해하시고, 박 서방의 환절기 건강관리를 위해 영양제를 챙겨주신다.

결혼식을 올리기 전에 부모님 댁에 갔을 때, 엄마는 방으로 들어와 내 손을 한참이나 잡고서 나란히 누워있었다. 엄마는 아빠와 나, 내 동생에게만 수다쟁이다. 새로 읽은 책, 아빠랑 봤던 영화, 최근에 미스터 트롯이라는 프로그램을 보면서 좋아진 노래 같은 것들을 이야기하다가 엄마가 문득 이런 말을 했다.

"나는 우리 딸이랑 나란히 누워서 시시콜콜한 이야기하는 게 제일 좋아. 아직도 엄마 눈에는 네가 빨간색 드레스를 가장 좋아했던 꼬마 아가씨로 보이는데, 벌써 결혼을 한다니까 신기하고 그래. 우리 딸이 이만큼이나 컸구나 싶어. 엄마가 이미 살아온 시간들을 너도 살아가겠지. 쉽지 않을 거고 힘든 만큼 행복할 거야. 엄마처럼 운이 좋으면 너 같은 딸도 낳을 수 있겠지.

말썽 한 번 안 부리고 잘 커 준 든든한 우리 딸."

 엄마가 나를 꼭 안아줬다. 그 품이 포근해서 눈물이 나왔다. 엄마는 나와 내 동생을 낳았던 것은 자신에게 가장 큰 행운이었다고 말하신다. 나에게 나중에 아이를 갖거든 꼭 나 같은 자식을 낳으라고 그랬다. 엄마가 나를 키우면서 행복했던 것을 나도 느꼈으면 좋겠다는 그녀의 말이 나에게 따뜻하게 스며들었다. 내 머리카락을 쓰다듬어주는 엄마의 손은 어렸을 때 밤마다 어루만져주시던 그 손길 그대로였고, 나는 스스르 잠들었다.

 내가 유부녀가 됐어도 엄마의 눈에는 여전히 어린애처럼 보일 것이다. 외할머니가 나보다 엄마를 더 챙겨주고 싶어 하듯이, 모든 엄마의 눈에는 자기 자식이 늘 아이라는 존재로 남아있다.

 나도 엄마만큼의 나이를 먹게 될 것이고, 엄마가 외할머니에게 하듯이 조금 더 내 곁에서 오래 살기를 조마조마하며 지낼지도 모른다. 엄마의 딸이 다시 누군가의 엄마가 된다. 어느 날 빈자리가 된 엄마의 자리를 보면서, 받았던 사랑이 너무 컸다는 것을 새삼 느낀다. 엄마에게 받았던 마음이 감사하고 또 사무치게 그리워서 자신의 아이에게 그보다 더 큰 사랑을 주면서 살아간다.

　엄마도 엄마로서의 삶이 끝나고, 나도 언젠가 내 아이의 엄마로서의 삶이 끝나게 된다면 꼭 다시 한번 태어나고 싶다. 그때는 엄마랑 딸로 말고, 자매로 만났으면 좋겠다. 누구 한 명이 오래도록 헤어지지 않아도 될 수 있게. 같이 나이 들어가고, 같이 더 오래 지낼 수 있게.

엄마가 이미 살아온 시간들을 너도 살아가겠지.
쉽지 않을 거고, 힘든 만큼 행복할 거야.

글의 시작,
 길의 시작.

o

 글을 쓸 때 첫 시작이 가장 어렵다. 첫 문장만 나오면 그다음 문장들은 자연스럽게 술술 나오는데, 첫 번째로 들어갈 글자들을 고르는 것은 꽤 머리 아픈 일이다. 글 전체에서 하고 싶은 말이 뭔지, 어떤 내용을 쓸 건지를 정해봐도 소용이 없다. 글의 개요표를 써보고, 초고를 미리 써본다고 해도 책에 들어갈 첫 원고의 첫 줄은 쉽게 나오지 않는다.

 처음 한 줄이 너무 어려워서 노트북을 켜놓고 몇 분이고 가만히 앉아 있던 적도 많다. 뭔가 근사하면서도 창의적이고, 세련된 문장을 써야 할 것 같았다. 멋진 문장을 만들어내야 한다는 게 생각을 넘어 강박까지 돼버린 지경이었다.

 원고를 쓸 수 있는 시간은 정해져 있고, 작가는 출판사와 약속한 날짜까지 원고를 줘야 하는 의무가 있었다. 언제까지고 모니터만 멀뚱히 바라본다고 해서 나오지 않는 문장이 갑자기 나오지 않는다는 것을 잘 알았다. 글만 쓰려고 하면 첫 문장 때문에 삼사십 분씩 고민하는 버릇을 고쳐야 했다.

일단, 내가 할 수 있는 최선에서 가장 좋은 둔장을 떠올렸다. 여전히 도입부가 내 성에 찬 것은 아니지만 곧바로 다음 줄을 쓰고, 다시 다음 줄을 써 내려갔다. 수십 차례의 다음을 이어가고, 다시 이어가면 한 편의 글이 완성되어 있었다. 별로인 것 같았던 시작 부분도 막상 완성된 한 편의 글로 보니 썩 괜찮았다. 대단히 화려하고 수식어구가 예쁜 문장은 아니었지만, 시작으로 하기에는 담백하고 꾸밈없어서 매력 있었다.

사실 나는 꼭 글뿐만이 아니라 대부분의 일에서 시작을 망설여하는 편이다. 막상 하고 나면 곧잘 하는 편인데, 처음이라는 계단을 오르는 걸 유난히 어려워한다. 글을 쓰면서 나오는 버릇들이 전부 내가 살아가는 습관과 닮아있었다. 처음부터 모든 것을 다 정해놔야 하고, 끝은 어떻게 될 것인지 예측해야만 시작한다. 그래서 시작이 항상 느렸고 유감스럽게도 내 예측은 틀릴 때가 빈번했다.

글을 쓸 때처럼 해야 할 일이 있다면 일단 시작했다. 나중에 어떻게 될 것인지 걱정하느라 가만히 고민하는 것은 나에게 시간을 낭비하는 일이었다. 가다가 예상하지 못했던 길이 나오더라도 그 길을 걸어내면 된다. 이 길의 끝을 확실하게 알지 못한다면 직접 가서 알아봐도 충분하다.

첫 발걸음을 떼는 게 어려운 것은 당연하다. 그래도 당신을 믿고 내딛어봤으면 좋겠다. 생각보다 길은 잘 다듬어져 있을 것이고, 예상보다 결과가 더 좋은 일이 많을 테니까.

> 별로인 것 같았던 시작 부분도 막상
> 완성된 한 편의 글로 보니 썩 괜찮았다.

> 시작이 미비했던 일들도 시간이 흘러
> 하나의 작품이 되어 있을 것이다. 분명히도.

우리의 시간이
녹슬지 않게

o

감성적으로 세상을 바라볼 수 있는 눈을 잃지 않으려고 노력한다. 시간이 지나도 세상의 따뜻함에 관해서 이야기하고 싶은 게, 작가로서 나의 작은 꿈이다.

아무리 강철이라고 해도 비를 맞고 시간이 흐르면 녹스는 법이다. 내가 갖고 있는 생각과 신념도 시간이 흘러서 녹이 슬게 될까 봐 가끔 두려울 때가 있다. 지하철에서 바라보는 주황빛의 노을과 한강을 따라 걸어가면 느껴지는 특유의 한적함과 남편과 아이스크림 하나를 나눠 먹으며 하루의 마무리를 행복해하던 시간을 기억한다. 마음에 가뭄이 들지 않게. 오래 따뜻함을 이야기 할 수 있게.

불
안
함
을
　의연함으로

○

　남편과 쉬는 날이면 오후에 아무것도 안 하고 나란히 누워있 곤 한다. 잔잔하면서도 부드러운 노래가 가득한 그의 플레이리 스트를 들으면서 포근한 침대에 누워있는 게 휴일의 가장 큰 행 복이다. 우리 둘 사이에 꼭 붙어있는 강아지 크림이의 소곤소곤 들려오는 숨소리가 더없이 포근한 시간을 만들어준다.

　글을 쓰는 직업이라는 것은 옆 사람에게 장점보다 단점이 더 많은 직종이다. 규칙적이지 않기 때문에 안정적이지 못 하고, 해야 하는 원고가 있으면 그것에만 매달려서 다른 것을 신경 쓰 지 못 하는 일이다. 갑자기 더 이상 독자들에게 글이 읽히지 못 하게 될까 봐 늘 불안한 사람이 나였다.

남편은 나와 반대로 불안함을 의연함으로 넘기는 사람이다. 나는 남편의 그런 점을 좋아한다. 내가 초조해하고 있을 때마다 마음을 굳건하게 만들 수 있는 말을 해준다. 유약하게 넘어지지 않도록 단단하게 내 팔을 꽉 쥐여준다. 눈물이 많고, 잘 상처받고, 걱정도 쓸데없이 많은 나에게 남편은 든든한 울타리 같은 존재이다.

남편은 내 책을 내주는 출판사 대표님이기도 하는데, 사실 가장 많은 고생을 하는 사람이다. 책이 태어난 순간부터 쭉 쉴 수가 없는 게 출판사 업무이다. 가장 좋은 종이로 제일 예쁜 책을 만들어낸다. 책이 나왔다고 업무가 마감되는 게 아니다. 독자님들의 반응을 시시각각 파악하고, 그것에 따른 마케팅을 준비해서 다시금 시작해야 한다. 사실 그가 밤에 잠에 잘 들지 못하는 것을 알고 있다. 입 이곳저곳에 구내염이 생길 정도로 고생하고 있다는 것도 안다. 사람 좋은 웃음으로 나에게 늘 걱정 없는 척 연기를 한다. 나에게는 장난으로라도 나쁜 소리를 하지 않는 그는 아마 많이 힘들 것이다.

내 인생의 가장 좋은 친구이자, 남편이자, 동료인 그는 내 걱정까지도 가져가 주고 싶어 한다. 티는 안내지만 지쳐있는 그를 볼 때면 괜히 내가 많이 마음이 아파진다. 부부가 되면 힘들어하는 배우자의 모습을 보면 그게 가장 슬픈 일이라고 한다. 서로 내색하지는 않아도 기특하게 여기고, 안타까워도 하면서 더 깊은 사랑을 하는 게 부부라는 걸 느끼고 있다.

울퉁불퉁한 도로에서 부주의하게 뛰어가다가 여러 번 넘어졌었다. 그럴 때면 그가 별일 아닌 거라고, 툭툭 털고 다시 천천히 가면 된다고 일으켜준다. 그 손이 참 따뜻해서, 나를 품어주는 어깨가 아주 커다래서 나는 다시 한번 용기를 내어 달려 나가본다. 내가 사랑하는 사람들을 위해.

내 주위에는 아름다움이 함께하기를.

사랑이 단단해질 때

о

　결혼식을 올렸다. 모든 부부가 그러하듯 결혼 준비라는 것은 꽤 신경 쓰이는 게 많은 일이다. 다행스럽게도 우리는 다툼 한 번 없이 무난하게 결혼식 당일까지 올 수 있었다. 문제는 결혼식 날이었다. 무엇이 그리도 긴장되는 것인지 알 수 없었다. 미리 맞춰놓은 웨딩드레스를 입으면서부터 본격적으로 결혼식이 실감이 났다. 사랑하는 사람과 만나서 하나의 새로운 가정을 꾸리게 된다는 것을 모두에게 알리고 인정받는 자리임이 더 깊이 다가왔다.

　드레스숍 원장님이 내가 고른 티아라를 머리어 씌워주고 면사포를 머리에 꽂아줬다. 신부대기실로 가는 길목부터 오늘 하루 전부를 눈에 담아서 오래도록 기억하고 싶었다. 평생토록 기억할 오늘이라는 날을 빠짐없이 기억으로 갖고 있을 수 있도록 노력했다.

나는 정말로 눈물이 많다. 슬픈 이야기를 듣거나 영화만 봐도 펑펑 눈물을 쏟곤 한다. 웨딩드레스를 입은 오늘은 울지 않겠노라고 다짐했다. 사랑하는 남자와 함께 가정을 이룩하는 순간만큼은 내가 강해져야 한다고 생각했다. 떨림이 줄어들었고 차분해졌다. 나의 부모님과 시부모님, 내 하나뿐인 동생, 내 언니가 되어준 시누이, 친지들, 친구들 모두에게 나와 남편 둘이서 잘 살아내겠다는 든든한 모습을 보이고 싶은 마음이었다.

 주례가 없는 결혼식을 진행했다. 날마다 보던 애인인데, 부토니아를 꽂고서 긴장된 표정으로 서 있는 그는 세상에서 가장 멋있는 나의 남편이었다. 우리 둘이서 직접 작성한 혼인서약서를 읽었다. 언제나 사랑하겠다는 의미에는 힘든 순간이 오면 현명하게 잘 해결하겠다는 내용이라는 것을 우리는 잘 알고 있었다. 걱정 없는 삶은 없겠지만, 걱정이 있더라도 서로를 의지하면서 잘 살아가겠다는 약속이었다. 마주 본 그의 얼굴에서 사랑이 느껴졌다. 내가 할머니가 되는 모습을, 그가 할아버지가 되는 모습을 사랑스럽게 지켜봐 줄 서로가 서로의 편이 되었다.

 예식 도우미분들은 울지 말라면서 절대 부모님의 얼굴을 보지 말라고 하는데, 나는 입장하는 순간에도 아빠와 눈을 맞추고 들어갔고, 부모님께 인사를 드리는 시간에도 엄마 아빠, 시어머니 시아버지의 얼굴을 보았다. 울지 않고 편안하게 웃으며 감사하다고 말씀드렸다. 용감한 신부가 되고 싶었다. 그동안은 아빠 엄마의 딸로 살아왔었다면 이제는 나도 엄마처럼 가정을 꾸려나가는 일에 조금이라도 주저하고 싶지 않았다.

가족사진을 찍을 때 옆에 있는 내 남편과 엄마, 아빠, 시아버지, 시어머니, 동생, 언니를 고개를 돌려 지극히 바라보았다. 언제나 내 편이 되어주는 가족이었다. 혼자서 괜히 의기소침해지는 날이면 부둥켜 안아줄 사랑이 단단히 내 곁에 있었다.

> 부둥켜 안아줄 큰 사랑이 내 곁에 생겼다.
> 내가 작아지는 날에도, 나를 안아줄 수 있는.

2장

적당한 거리, 적당한 배려.

부드럽게 넘어가고 싶다는 이유로 누군가의 말에 쉽게 맞춰주고 다 이해하려고 노력했을 것이다. 그게 자꾸 반복되고, 쌓이면서 결국은 지치게 된다. 함께 한 발자국씩 물러나서 맞추기 위해 노력하는 사람이 아니라면 혼자서만 노력할 필요는 없다. 둥근 모양이 부드럽게 잘 굴러가는 법이다. 둥글어지기 위해서 같이 노력할 줄 아는 사람에게만 당신의 그 소중한 마음을 내어줬으면 좋겠다.

○

굳이 내 삶에 없어도 괜찮을 사람들 때문에
내 행복이 방해되는 일이 더는 없어야 했다.

모든
사람에게

좋은
사람일

필요는
없어

o

　이미 가득 담긴 곳에는 새로운 무언가를 채워 넣을 수가 없듯, 인간관계에서도 마찬가지이다. 관계에 대해 회의감이 들게끔 힘들게 하는 사람들은 비워내야 한다. 세상에는 생각보다 자신과 잘 맞는 사람들이 많고, 새로운 인연은 늘 기다리고 있다.

　굳이 붙잡고 있을 필요가 없는 누군가 때문에 진정으로 함께할 사람을 놓치지 않도록, 인간관계에서도 비워냄을 선택할 때이다.

진정한 친구가
없는 것 같다면

o

 우린 운명일지도 몰라. 이 문장에는 인간관계에서 많은 의미가 담겨있다. 스쳐 지나가지 않고 서로를 알아봤다는 것, 굳이 그 순간에 서로의 앞에 나타났다는 것, 각자의 미소가 마음에 머금어졌다는 것. 그 순간에는 참 대단한 운명 같지만, 시간이 흐르고 어느 순간 남이 되고 나면 그다지 중요한 것은 아니었다는 것을 알게 된다.

 시작은 늘 설레고 거창한 의미를 부여하곤 하는데 막상 그 관계 안에서 부대끼다 보면 허상이 걷힌 실제의 므습을 마주하게 된다. 기대하고, 다투고, 실망하고, 포기하고, 그렇게 우리는 관계의 마지막 모습인 단절이라는 단계를 거치게 된다.

인간관계에서 많은 실망을 해본 덕분에 유난히도 나는 관계에 대해서 큰 기대치를 두지 않는 편이다. 가족을 제외한 사람을 그렇게 대단하게 생각하지도 않고, 적당히 그리고 편안하게 알고 지내는 딱 그 정도만 추구한다. 친구 문제 때문에 속앓이를 덜 했던 것 같다. 내가 좋아하고 싶은 사람들에게만 마음을 터놓았다. 꾸역꾸역 인연을 이어나가다가는 결국에 상처받는 것은 나 자신이라는 걸 잘 알았다. 누군가는 나의 사람 사귐의 방식을 정이 없다고 할 수 있지만, 그것을 가지고 딱히 고민해보지는 않았다. 살아오면서 내가 나 자신을 위해 선택한 방법이었다.

나는 초등학생 때부터 고등학교를 졸업할 때까지 주변에 친구가 늘 많았다. 친구 사귀는 법을 따로 고민하지 않아도 늘 곁에 사람들이 있었다. 매번 전교학생회장을 할 정도로 친구들 사이에서도 잘 어울리는 편이었다. 나는 그저 친구들이 내가 그들을 좋아하듯이 그들도 나를 좋아하는 것이라고 믿었었다. 그 믿음이 무색할 정도로 친구들이라 불리는 사람들 중에서, 나에게 바라는 게 있어서 잘해주는 척을 하는 경우가 꽤 많다는 사실을 느끼게 되었다.

성인이 되었고 사람 사이의 관계라는 것은 마찬가지였다. 교복을 벗었을 뿐이지 사람 사는 것은 다 똑같았다. 나에게 원하는 것이 있는 사람들은 뒤에서는 내 험담을 하더라도 앞에서는 친한 척을 했다. 혹은 나에게 무엇인가를 팔고 싶어 하는 사람들이 친구라는 명목으로 영업을 하는 것을 많이 겪었다. 자동차, 영양제, 영어 교재 나에게 판매하고자 하는 굴건은 다양했다. 이게 가볍게 친한 관계의 단면이었다.

주변에 사람이 늘 많았던 나는 혼자가 되는 것을 선택했다. 거추장스러운 사람들을 없애는 과정이 필요했다. 모나게 말을 하거나, 좋은 일이 있어도 비꼬는 게 먼저인 친구들과는 더는 연락하지 않았다. 남의 불행을 비웃음거리로 만드는 친구의 메시지에는 답장을 하지 않았다. 사느라 이런저런 일로 바쁜 나에게 왜 자기와 만나주지 않는 것이냐고 서운함을 토로하며 피곤하게 하는 친구와도 다시 만나지 않았다. 자기가 필요할 때만 나를 찾는 친구의 연락도 받지 않았다. 술 먹고 이 남자 저 남자를 쉽게 만나는 게 취미인 친구에게는 연락처 차단 버튼을 눌렀다. 생각보다 필요 없는 친구들이 많았고, 나는 꽤 단호한 편이었다. 그들을 끊어내는 과정이 썩 괜찮았다. 함께한 시간이 몇 년인데 이렇게 단칼에 끊어내도 되나 싶은 고민을 누를 수 있었던 것은 내가 행복해지고 싶었기 때문이었다. 굳이 내 삶에 없어도 괜찮을 사람들 때문에 내 행복이 방해되는 일이 더는 없어야 했다.

그렇게 나는 진짜 내 친구인 사람만 남겨두었다. 내 삶에 없어도 괜찮은 사람이 아니라, 내 삶의 한 조각을 기꺼이 내어주고 싶은 사람들만 그들을 친구로 부른다. 가끔 우리가 만나 처음 친구가 되었던 10년도 더 넘은 그 날을 떠올린다. 지금까지 서로의 힘듦에 같이 울어줄 수 있고, 기쁨에 더 기뻐할 수 있는 서로가 있다는 것만으로 잘살아온 것 같다는 말을 한다. 끊어내야 마땅한 인연을 가지고서 괜히 손에 쥔 채 힘들어하지 않았기에 얻을 수 있었던 소중한 인연들이다.

둥그렇게, 모나지 않게 살라는 말을 많이 하곤 한다. 좋은 게 좋은 거라는 마음가짐으로 사는 게 편하다는 뜻인데, 나는 조금 다르게 생각한다. 내 소중한 사람들에게만 둥그렇고 모나지 않게 살아가는 게 자신에게 더 편한 삶일 것이다. 모두를 다 이해하면서 지낼 필요는 없다. 배려해주지 않는 사람들에게는 모날 필요가 있다. 잘해주는 마음을 고맙게 여길 줄 모르는 사람에게는 쓸데없는 배려가 되는 경우가 더 많다.

진정한 친구가 없는 것 같다는 마음이 든다면. 아마 인생에서 필요 없는 사람들에 가려져서 잘 모르고 있을 수도 있다. 소중한 당신이다. 그런 당신이 함께할 벗을 사귀는 일이다. 조금은 까다로워도 되고, 과감해져도 된다. 당신이 당신이기 때문에 참 좋다고 말을 하는 그런 참 좋은 인연이 저절로 당신의 곁에 남게 될 것이다. 친구라는 이름으로.

굳이 내 삶에 없어도 괜찮을 사람들 때문에
내 행복이 방해되는 일이 더는 없어야 했다.

더 나은 사람이 되고 싶어

o

 감정적인 여유가 참 중요하다. 통장잔고 같은 물질적인 여유로움 말고, 감정의 풍족함이 주는 여유가 있다. 고마움을 느꼈을 때 고마움을 포근한 미소로 표현할 수 있고, 미안함을 가졌을 때 껄끄러워하지 않고 미안함을 솔직하게 말할 수 있는 근원이기도 하다. 그릇된 것을 보면 아닌 것은 아니라고 화내지 않고 말할 줄 아는 부드러운 카리스마가 나오는 배경이 된다. 감정이 여유로운 사람 특유의 온기가 참 좋다. 초조함에 휘둘리지 않아서 적당한 무게감이 있는 분위기가 있다.

 넉넉한 미소를 지을 줄 아는 사람이 되고 싶다. 아직은 감정이 그리 여유롭지 못해서 갈등이 있으면 피해버리고, 날이 선 말을 들으면 그것을 몇 번이고 곱씹다가 시간이 꽤 지나야 겨우 괜찮아진다. 자신의 기분을 숨길 줄 모르거나, 말실수를 하거나, 비꼬는 듯한 말을 하는 사람을 보면 다 지나고 난 다음에서야 혼자서 기분 나빠하는 그런 시시한 사람이다. 그 자리에서 적당히 부드럽고 위압감 있는 분위기로 실수를 지적해주고 잘못을 정정해주는 여유로움이 없다.

내실 있는 글을 쓰기 위해 노력하듯, 마음 안이 풍요로운 사람이 되고 싶어 노력하는 요즘이다. 이성보다 감성이 우선되지 않도록, 불편하면 참아버리는 소심한 내 습관이 고쳐질 수 있도록 달라지는 중이다. 나 자신을 위해서 차근차근 더 나은 사람이 되어가고 싶으니까.

고마움을 포근한 미소로 표현할 수 있고,
미안함을 솔직하게 말할 수 있는,
더 나은 사람이 되고 싶어 노력하는 요즘이다.

혼자서만 노력하지 말 것 1

o

　무조건 잘 보이려고 노력하고, 싫은 것도 참기 위해서 애쓰는 게 단단한 관계를 맺게 해주는 것은 아니다. 조금 부족한 모습이더라도, 그것이 거북하지 않고 기꺼이 이해하고 싶은 마음이 단단한 관계를 만들어준다.

　옆에 있는 사람들과 잘 지내기 위해서 본인을 감추거나 자신을 고치려고 힘들게 할 필요는 없다. 자신의 가장 편안한 모습을 내보일 수 있는 사람만이 당신의 곁에 남게 되는 것이다. 잠시 모였다 흩어지는 관계 안에 연연하며 자신을 구속하지는 않았으면 좋겠다. 지금 그대로의 당신을 기꺼이 아끼는 사람이면 충분하다.

혼자서만 노력하지 말 것 2

。

 우습게도 내가 나에게 이해를 강요하고 있었다. 불합리한 주장을 하는 사람을 만나더라도 그 사람을 이해해야 한다고, 남에게 항상 착해야 하고, 먼저 양보해야 한다고 의무감으로 생각하며 지내곤 했었다. 대입이나, 취업을 위한 자기소개서에 내 성격을 썼던 내용처럼 착한 사람이라는 틀에 나를 맞추기 위해 노력한 것이었다. 남에게 싫은 소리 하지 않고, 잘 웃는 사람이라고 남은 나에 대해서 말한다. 하지만 정작 나는 실제로 내가 어떤 성격인지 떠올릴 수 없었다.

 내가 한 번 더 고생하거나, 남에게 그냥 양보하는 게 속 편한 일이라며 늘 넘겼었다. 역설적이게도 속이 편하지는 않았다. 누군가의 어이없는 부탁을 거절하지 못하고 들어주고 온 날에는 밤에 잠들다가도 짜증이 올라왔다. 나를 무시하는 말을 한 사람에게 불쾌함을 표현하지 못하고 그냥 웃으며 넘기고 오는 길에는 화가 났다. 나는 그렇게 착한 사람도 아니었고, 양보하는 게 마냥 좋은 사람도 아니었다. 적당히 착했고, 적당히 이기적인 사람이었다.

좋은 게 좋은 것이라고 내가 조금 힘든 게 낫다고 애써 생각했던 때마다, 실은 나는 좋지 않았다. 단지 내가 누군가에게 아닌 것을 아니라고 말하는 게 아주 불편했을 뿐이었다. 그 불편함을 무릅쓰고 한 마디를 꺼낼 용기가 쉬이 나지 않았다. 좋은 사람이라는 틀에 나를 가둔 상태였기도 했고, 불특정 다수에게 호감을 주는 행동을 하는 게 우선되어야 한다는 고정관념 때문이었다. 그 생각 하나가 나를 옥죄고 있었다. 인생에서 크게 관여되지 않은 타인이 건네는 칭찬이 사실 아무 쓸모가 없다는 것을 우리는 잘 알고 있다. 그들이 해주는 말 몇 마디가 삶에서 영양가가 전혀 되지 못한다는 것도 마찬가지이다. 그런데도 종종 해야 할 말도 참아내고, 누군가의 뜻대로 행동하게 된다.

어떤 사람이 협상학 강의를 듣고서 인상 깊었던 내용을 적어 놓은 글을 읽은 적이 있다. 양보하면 상대도 양보할 것이라는 생각은 아주 큰 착각이라는 주제였다. 양보라는 것은 상대의 까다로운 태도에 보상해주는 행위라서, 한 번 양보를 해주게 되면 더 많은 보상을 얻기 위해서 더 까다롭게 굴 것이라는 내용이었다. 까다로운 태도로 맞춰주길 원하는 친구는, 나도 모르게 그 애의 뜻대로 맞춰주게 된다. 까다롭게 구는 애와 다투느니 차라리 그 애의 뜻대로 하는 게 편하다고 합리화하는 이상한 순환구조가 생겨난다.

 아마 우리도 이런 실수를 했을지도 모른다. 부드럽게 넘어가고 싶다는 이유로 누군가의 말에 쉽게 맞춰주고 다 이해하려고 노력했을 것이다. 그게 자꾸 반복되고, 쌓이면서 결국은 지치게 된다. 함께 한 발자국씩 물러나서 맞추기 위해 노력하는 사람이 아니라면 혼자서만 노력할 필요는 없다. 둥근 모양이 부드럽게 잘 굴러가는 법이다. 둥글어지기 위해서 같이 노력할 줄 아는 사람에게만 당신의 그 소중한 마음을 내어줬으면 좋겠다.

"관계는 서로 노력하는 것이다."

관계 :
둘 이상의 사람, 사물, 현상 따위가
서로 관련을 맺거나 관련이 있음.

굳이 여러 명의 마음을 모으지 않아도

。

 친구 관계에서 내가 갖고 있는 몇 가지 규칙 같은 게 있다. 그 중 중요하게 생각하는 한 가지는 친구와 친구를 모아 모임을 만든다거나, 그룹으로 함께 다니지 않는다는 것이다. 나와 마음이 맞고 친한 사람들끼리 같이 모인다면 물론 즐거움도 있을 것이다. 그러나 유감스럽게도 즐거움보다 큰 부작용이 있는 경우가 많다. 남자도 그렇고 여자도 그렇고 학생 때부터 여러 명씩 모여서 다니는 게 익숙하다. 그 안에서 싸우기도 하고, 갈라져서 헐뜯기도 하고, 서로 뒤에서 흉을 보기도 하고, 가끔 만나게 되면 서로 자기 자랑하기 바쁜 그런 모습을 봤던 경험이 많을 것이다.

 7살부터 대학을 졸업할 때까지 15년을 넘게 친하게 지냈던 모임이 있었다. 같은 유치원에서 만난 친구도 있었고, 문화센터에서 친구였던 친구도 있었고, 피아노 레슨을 받다가 선생님 소개로 친하게 된 친구도 있었다. 좋아하는 친구들과 다 같이 친해지고 싶어서 내가 만들었던 모임이었다. 나까지 포함해서 5명이었다. 24살 무렵 나는 학생이었고, 한 명은 외고를 졸업한 후 미국으로 유학을 갔었고, 다른 한 명은 의대 본과에 재학 중이었고, 한 명은 공무원 시험 준비 중이었고, 한 명은 대학을 자퇴하고 카페를 준비하고 있었다. 할머니가 되어서도 같이 놀자고 약속하던 친구들의 모임이었다. 나는 20대 중반, 그 모임에서 나오기로 결심했다.

살아가는 환경이 달라져서인지 우리는 의견이 부딪혔다. 공부양이 말도 안 될 정도로 너무 많아서 잠도 제대로 잘 수 없다는 의대를 다니는 친구에게, 힘들지 않냐고 걱정해주는 게 아니라 뭐가 그렇게 대단한 공부를 하느라 얼굴 한 번을 안 보여주냐고 비꼬는 말을 하는 애가 생겼다. 유학 중인 친구가 방학 때 한국에 들어오면 해외에서 혼자 외롭겠다는 위로가 아니라 부모님이 부자라서 좋겠다며 친구의 노력을 무시하는 대화도 들었다. 공무원을 준비하는 친구에게 차라리 다른 일을 하지 그러냐며 주제넘게 간섭하는 말들도 있었다. 5명 중에서 가장 모나지 않고 울퉁불퉁한 말을 하지 않은 나에게 개인 메시지로 다른 애를 흉보는 애도 있었다.

내가 바란 친구의 모습과는 이미 멀어져 있었다. 그저 응원하고 함께 시간의 흘러감을 서로 지켜봐 주고 싶었던 것뿐인데, 왜 뒤틀리게 된 것인지 알 수 없었다. 부모님들끼리도 친하고, 서로의 어린 시절도 함께 바라본 우리는 평생 친구라 생각했었다. 각자 결혼을 하고 아이를 낳으면 애들끼리도 친하게 지내게 하자는 다짐이 무색해졌다. 우리가 우정이라고 불릴 수 있는 시간이 다했다는 것이 선명해졌다.

어린 시절처럼 비슷한 하루를 보내던 때와 다르게, 각자의 삶에서 만나고 부딪히는 환경이 달라서 그런 거라고 이해는 할 수 있다. 그래서 성격이 모나질 수도 있고, 타인을 비판하는 게 익숙해질 수도 있고, 비꼬듯이 말하는 게 더 편할 수도 있다. 하지만 아무리 그렇다 하더라도 친구에게는 예외가 되어야 한다고 생각한다. 자격지심 때문에 날카로워졌다면, 친구에게 날 선 말을 하는 게 아니라 세상이 조금 무섭고 버겁다고 하소연하는 게 맞다. 그 정도의 작은 예의도 서로에게 지키지 못한다면 친구라는 관계는 허울일 뿐이었다.

모임 친구들과 멀어지고 나서는 친구 때문에 피곤한 일이 줄어들었다. 가끔 만나서 기 싸움하는 듯한 대화를 듣지 않아도 되고, 만나고 돌아서서 나에게 개인 메시지로 오는 다른 친구를 흉보는 내용을 보지 않아도 되었다. 내가 이들을 한 군데에 모여놓고 다 같이 친구 하자는 그날이 없었더라면 어땠을까 후회가 됐지만, 이미 어쩔 수 없다는 걸 잘 알았다. 누구보다 성실하고 승부욕이 강한 멋진 친구, 꿈을 향해서는 주저함이 없는 친구, 차근차근 나아가는 단단한 친구, 자신의 목표에 믿음이 강한 친구들이었다. 그들과 헤어지면서 조금은 아쉬웠다. 그 아쉬움은 나와 잘 맞는다고 해서, 나와 친한 다른 사람들과도 함께 잘 어울릴 수 없다는 것을 배우게 된 대가였다.

 나는 내 친한 친구를 다른 친한 친구에게 소개하지 않는다. 그저 나와 단둘이서만 마음을 나누는 데 최선을 다한다. 친구가 자신의 단짝을 소개해줘도 함께 만나는 자리는 굳이 참석하지 않는다. 여러 명이 함께하는 관계의 허무함에 대해서 너무 심하게 느껴버린 것일 수 있다. 지금처럼 조용하고 소담한 관계를 유지하고 싶다. 여러 명의 마음을 모으지 않아도 충분히 행복한 삶일 테니.

알고 지낸 시간보다는
알아갈 시간이 중요해

o

  어떤 친구를 말할 때 세월의 횟수로 소개를 하고 그 가치를 대단하다고 생각하는 사람들이 있다. 유감스럽게도 나는 그 생각에 크게 동의하지 못한다. 아무리 20년을 연락하고 지냈어도, 알게 된 지 1년이 채 안 되는 친구와 더 깊은 마음을 터놓는 경우가 많다. 관계에서 시간의 길이는 별로 큰 의미가 없다. 인간관계는 넓고 좁음이 아니라 깊고 얕음을 따지는 게 중요하듯, 단지 알고 지낸 시간보다 얼마나 서로가 유효하게 친구의 역할을 했는지가 중요하다. 우정의 깊음을 따지는 기준으로 단순히 물리적인 시간이 타당한 지표가 되는 경우는 희박하다.

가볍게 생각하면 초등학생 때부터 친구였다는 것은 단순히 그때부터 얼굴을 알고 지냈다는 것뿐이다. 그냥 아는 사이로 지낸 기간은 그다지 대단한 시간의 길이가 아니다. 심심할 때 놀아주는 친구, 혼자서 있기 싫을 때 같이 시간 보내는 관계를 가지고 대단한 사이라고 표현할 수는 없다. 우정이라는 것은 친구의 결정적인 순간에 발현되는 것이다. 심심해서, 재미를 위해서 만나는 관계는 그저 알고 지내는 지인일 뿐이다. 그래서 기꺼이 슬픔을 나눠주고, 기쁨은 질투하지 않고 누구보다 축하해줄 수 있는 진짜 친구는 소수이다.

인맥이라는 단어를 운운하며 피곤한 관계를 쥐고 있지 않아도 된다. 세상은 결국 인맥이 나를 만들어주는 게 아니라, 나의 내실이 나를 만들어준다는 것은 변치 않는 사실이다. 몇 번의 식사와 술 몇 잔에 친해진 사람이 자신을 성공 가도에 올려줄 거라는 것은 너무 어리석은 착각이다. 명쾌하게 생각해보면 정작 자신도 가족이 아닌 누군가를 성공에 가깝게 만들어주기 위해서, 굳이 본인을 희생하면서까지 도와줄 생각이 없을 것이다. 남들도 마찬가지이다. 결국은 혼자서 얼만큼이나 단단하게 잘 살아내느냐에 집중을 할 때이다. 연연할 가치가 없는 사람들에게 알고 있는 기간을 늘려나가겠다고 에너지를 쏟기에는 아까운 시간이다.

누군가와 함께한 시간이라는 게 무조건 가치 없다는 게 아니다. 단지 당신이 살아갈 아주 긴 시간에서 진정으로 당신을 위할 사람인지는 꼭 따져봤으면 좋겠다. 세상은 넓고, 사람은 많고, 주어진 시간은 한정적이다. 그 안에서 나는 당신이 누구보다 행복했으면 좋겠다. 적어도 사람 때문에 휘둘리며 아파하지는 않기를 바란다.

흘려들을 말

о

 이런 질문을 받았던 적이 있었다. 왜 그렇게 당당하냐고. 서울대를 나온 것도 아니고 구글 같은 일류 기업에 취업한 것도 아닌데, 나 자신에게 어떤 점이 잘났다고 생각하느냐고. 나는 질문한 사람의 저의가 궁금해질 정도로 수준 낮은 질문은 처음이었다. 누구나 당당하게 살아가는 이유는 자기 삶에 책임을 지고 열심히 살아가기 때문이다. 그것에 대한 구체적인 이유나 명쾌한 증거가 필요한 이유를 이해할 수 없었다.

 모순에 빠진 사람들이 참 많다. 학력이 중요하지 않다고 하면서 사람의 잘남과 못남을 나누는데 누구보다 학력을 따지거나, 돈만 잘 벌면 된다고 말하면서 재직하고 있는 기업의 이름을 먼저 신경 쓴다. 그런 부류의 사람들에게 당당함이나 자존감 같은 단어는 상식적이고 지극히 당연한 이론으로는 잘 설명되지 않는

다. 대단히 좋은 학교를 나와야 하고, 집이 굉장히 부유해야 하고, 세계적인 일류 기업에 입사해야만 가질 수 있는 것이라고 착각하기 때문이다.

이런 부족한 사람이 뱉어내는 말로 인해 피곤함을 느끼게 되는 상황이 대부분이다. 자격지심 때문에 남의 말을 그대로 듣지 못하고, 비꼬아서 생각한다. 생각이 꼬아졌기 때문에 말 또한 논리적으로 하지 못하고, 결국 하는 것은 비아냥이 전부이다. 차라리 아무런 말도 하지 않고 있으면 좋겠지만, 다른 누군가의 자존감을 갉아놓고 싶어서 안달이 난 듯 남의 약점을 건드리며 다닌다. 자신의 부족함이 있으면 그것을 인정하고 다른 부분에서 발전시켜야 하는데, 자기를 되돌아볼 생각은 하지 않고 말에 가시를 담곤 한다. 스스로의 모습이 마음에 들지 않은 탓에 남에게도 좋은 말을 절대 하지 못하는 것이다.

독자님들에게 메일을 받거나, 혹은 강연에서 만나게 된 독자님들이 간혹 저런 사람들을 만나고 와서 힘들어하는 경우가 많았다. 한 독자님은 실업계 고등학교 졸업을 하고 바로 취업한 경우였다. 대부분 공장 같은 현장직으로 취업이 되는 경우가 많은데, 그녀는 괜찮은 기업의 사무직으로 입사하게 되었다. 회사에 입사하고 나서 그녀의 스트레스가 시작되었다. 옆자리의 선배는 그녀가 작은 실수를 하면 고등학교밖에 안 나와서 그러냐는 말을 했다. 그녀가 왜 말을 그렇게 하냐고 따지자, 틀린 말을 한 것도 아닌데 왜 짜증을 내느냐고 오히려 타박을 주었던 것이다. 프로젝트 준비하는 과정에서 발표를 맡았는데, 그것을 가지고 고졸인데도 나서길 좋아한다고 비아냥거렸다고 한다. 그 후로도 여러 차례 계속해서 그런 식의 말을 듣는 게 너무 스트레스라고 토로했다.

나는 그녀에게 절대 무너지지 말라고 응원했다. 분명한 것은 그 자리에 가게끔 그녀가 노력했던 과정이고, 그것은 누구도 부정할 수 없는 일이었다. 잘했다, 부럽다, 대단하다는 말을 해주는 게 당연하다. 세상은 달라진 것 같으면서도 사실 별로 달라진 게 없는 모습인데, 그 안에서 치열하게 살아가는 그녀였다. 가치 없는 말은 귀에 담지도 말고, 머릿속에 스치게 하지도 말라고 당부했다. 그리고 할 수 있다면 그 사람에게 따지거나 화내지 말고 그런 무례한 발언은 안 했으면 좋겠다는 말을 해보라고 그랬다. 그녀가 겪은 사람처럼 가끔 이상한 사람들이 나타난다. 자신에게 충실하지 못하고, 자기에 대한 믿음이 없다는 것을 그런 식으로 나타낸다는 것을 본인들은 모르는 것이다.

무례한 사람들 때문에 당신을 상하게 하지 않았으면 좋겠다. 생각이 짧고, 삶에 대해서 많이 배우지 못한 사람들의 쓸데없는 말일 뿐이다. 일부러 속상하라고 던진 질문이나 말 때문에 다치지 않으려면, 그것을 빨리 털어내는 게 방법이다. 굳이 속상하다는 이유로 계속 머릿속에서 반복해서 떠올리고, 혼자서 화내 보는 상상을 하고, 괘씸해 하면서 지낼 필요는 없다. 가장 중요한 한 가지만 기억하면 된다. 그들이 뭐라고 하더라도 당신이라는 멋진 사람은 잘했고, 앞으로도 잘할 것이라고.

세상은 달라진 것 같으면서도
사실 별로 달라진 게 없는 모습인데,

**그 안에서 치열하게 살아가는 우리는 충분히 멋진 사람이고,
잘했고, 앞으로도 잘할 것이다.**

오래 함께하기 위해서

o

 경영학을 공부할 때 배우게 되는 기본적인 이론이 있는데, 등가교환이라는 단순하고 명쾌한 이론이다. 현대 사회에서 대부분의 나라는 화폐를 이용하여서 등가교환을 이용하고 있다. 같은 값의 무언가를 지급함으로써 상품이나 서비스를 갖게 된다는 기본적인 내용이다. 나는 이것이 우리 삶의 인간관계에서도 아주 중요한 내용이라고 생각한다.

 대부분의 인간관계는 비슷한 정도의 것을 서로 교환하면서 이루어진다. 우정일 수도 있고, 사랑일 수도 있다. 그 관계에서 한 명이라도 상대에게 적당한 관심이나 애정, 그리고 각자가 귀하게 생각하는 가치를 주고받지 않으면 그 관계는 쉽게 무너지고 마는 것이다. 그것은 당연한 원리이다. 한 명이 계속해서 희생하고 이해하고 맞춰주게 되면 관계의 유지에서 형평성이 어긋나게 된다.

나는 돈보다 시간이 무엇보다 소중한 가치를 갖고 있다고 생각하는 편이다. 그래서 조악한 친구 관계에 보내는 시간을 끔찍이도 아까워한다. 차라리 잠을 자거나, 집에서 혼자서 책을 읽는 게 나에게는 훨씬 가치 있는 시간이다. 누군가를 만났으면 무언가라도 느끼는 게 있어야 한다고 생각한다. 그저 아무 주제 없이 떠드는 가벼운 우스갯소리는 나에게 어떤 것도 남기지 못한다. 위로를 받는다거나, 배울 점을 느낀다거나, 몰랐던 점을 알게 된다는 게 중요했다.

친구를 만나게 되면 나 역시 최선을 다하려고 노력한다. 친구 역시도 나처럼 본인의 소중한 시간을 내어주고 있다는 사실에 고마움을 느낀다. 서로 얼굴만 보아도 위로가 되는 존재인 그녀들에게 나 역시 그런 존재가 되고 싶다는 마음을 고백한다. 힘듦을 털어놓은 친구에게는 내가 혹시라도 도움이 될 수 있는지 함께 고민하고 돌아온다. 반대로 자기 시댁 자랑, 클럽에서 만난 남자 자랑 같은 종류의 가치 없는 이야기를 떠벌려놓는 친구에게는, 내가 먼저 밥값을 계산하고 바쁘다는 핑계를 대서 일어난다.

단순히 우정이 있다고 해서 원활한 관계가 지속되는 것이 아니다. 서로가 비슷하게 생각하는 소중한 가치가 교환되어야 더 단단한 친구 관계를 유지할 수 있는 것이다. 함께하는데 지치는 사람이 있다면 조금 더 멀어져도 괜찮다. 잘 맞지 않은 인연에 연연하지 않았으면 좋겠다. 비슷한 양의 무언가를 서로 교환할 의지가 없는 사람이라면 굳이 곁에 둘 필요는 없으니.

무지함을 용감함이라 생각하는 사람들

o

    코로나 19의 심각한 상황 속에서 유난히 특이한 사람들은 도드라졌다. 대부분의 사람들이 코로나바이러스의 종식을 위해서 모든 것을 잠시 멈추는 삶을 살아내는 데에 집중했었다. 모두를 위해서 해야 하는 일이기 때문에 거리 두기를 유지하고, 일시적으로 정지하는 것을 선택했다. 그러나 하지 말아야 하는 일을 기어코 하는 사람이 있다. 자신은 젊다는 이유로, 건강하다는 이유로, 운이 좋다는 이유로 사회적 거리 두기를 무시하는 수고를 범한다.

    사실 그런 태도는 무지함이라고 표현할 수 있다. 세계에서 유명한 석학들도 아직 다 알지 못했다고 하는 바이러스를 본인이 다 안다는 듯이 말하는 어리석은 거만함이다. 무지함과 무례함을 용기라는 단어에 자신들만의 합리화로 포장하여 살아가는 사람들이 여전히 우리 곁에서 살아가고 있다는 것이 안타까웠다.

　결혼식을 앞두고 코로나바이러스가 심해졌다. 남편과 나는 굉장히 조심하고 예민할 수밖에 없는 상황이었다. 결혼식이 한 달 남짓 남았을 때 친구들에게 오는 연락이 두 가지로 나뉘었었다. 보고 싶은 마음은 당연하지만 굳이 얼굴 보고 종이 청첩장을 주지 않아도 괜찮다고, 건강한 모습으로 결혼식장에서 보자며 모바일 청첩장을 달라고 하는 친구들이 대부분이었다. 그리고 다른 한 부류는 우리는 젊어서 만나서 밥 먹고 술 한잔 정도는 해도 코로나바이러스로부터 괜찮다면서 언제 얼굴 보냐고, 뭐가 그렇게 바쁜 것이냐고 나에게 타박을 하는 친구들도 있었다. 나는 두 번째 부류의 친구들에게는 결혼식에 오지 말아 달라고 말했다. 코로나바이러스에서 자신들은 안전하다는 말 자체가 틀렸고, 그런 태도는 우리나라의 국민으로 잘못된 행동이었다.

　나 혼자만이 아니라 많은 사람을 위해서 모두가 노력해야 하는 시기였다. 결혼식을 하는 것도 조심스러울 정도였다. 그런 시기에 생각 없이 행동하는 사람이 내 주위에 있었다는 것이 크게 실망스러웠었다. 남편이 이런 글을 나에게 보여주었다. '코로나 사망자가 10대, 20대 위주라면 40대, 50대인 우리 부모님 세대들이 이렇게 놀러 다니셨을까.'라는 문장이었다. 자신의 가족조차 배려하지 않는 행동이라는 사실을 인지하지 못하는 사람이 바이러스보다 더 심각했다.

 코로나바이러스의 종식은 무지한 사람들이 자신의 어리석음을 인정하고 조심하지 않는 한 어려운 일일 것이다. 하지 말라는 일은 하지 않고, 조심해야 할 것은 조심하기만 하면 되는 간단한 일이다. 그것조차도 하지 못하는 몇 명이 어쩌면 코로나바이러스보다 더 지독한 존재일지도 모르겠다.

멀어질 수밖에 없는 관계

o

 예전에 친했던 마음이 변치 않은 채 오래 가는 친구들만 있으면 좋겠지만, 내 뜻대로 되지 않는 것을 경험한다. 바뀐 환경에 적응해야 하고, 바빠진 일정을 소화하고, 미래를 준비하기 위해서 전처럼 우정에 큰마음을 쏟을 수 없는 시간을 겪는다. 교복을 입던 시절에는 꽤 많은 친구들이 옆에 있었던 것 같은데, 문득 고개를 돌려 보았을 때는 몇 명 남아있지 않게 된다.

 전에 글쓰기 클래스에서 만났던 수강생이 이런 고민을 했었다. 꽤 친했던 친구인데 자신이 해외에 공부를 하고 돌아온 사이에 너무 서먹해져 버렸다고 걱정했다. 멀리 떨어져 공부하면서도 틈틈이 연락도 잘했었고 그녀 나름대로 친구에게 노력했던 점을 말했었다. 친구는 방학 때나, 잠깐 한국에 들어올 때면 왜 자신을 먼저 안 보고 갔느냐고 몇 번 짜증을 냈다고 했다. 그녀는 부모님을 먼저 뵙고 가족끼리 쉬다가 돌아간 게, 자신의 잘못이냐고 나에게 물었다. 나는 당연히 그녀에게 아무런 잘못은 없다고, 그 친구와 잘 멀어진 것 같다고 말했다.

아무리 바빴어도 시간을 냈어야 했던 것은 아닌지 의문이 들고, 여유가 없었어도 그들을 위해 억지로라도 만남을 유지했어야 하는 것인지 고민이라면, 나는 그럴 필요가 없다고 답해주고 싶다. 우정의 순기능은 오직 즐겁기 위한 것이 아니다. 어떤 순간이라도 친구라는 이름으로 조금 떨어진 곳에서 응원해주고 믿어주는 것이다. 어쩔 수 없었다는 것의 의미를 진정으로 이해해주지 못하는 사람을 위해서 구태여 노력을 쏟지 않아도 된다.

친구라는 이름을 빌리고 있는 너무 많은 사람을 위해서 불필요한 후회는 거두어도 된다. 진정한 벗이라면 항상 같은 자리에서 당신을 응원하고 있을 것이다.

존재의 힘

o

 곁에 있어도 저만큼이나 멀어져 버린 관계가 있듯이, 멀리 떨어져 있어도 늘 곁에 있는 것 같은 사람이 있다. 반대로 언제라도 만나면 어제 만났던 사이처럼 허물없이 실컷 웃을 수 있는 사이가 있다. 우리는 그것을 친구라고 부르기도 하고, 우정이라는 명사로 칭하기도 한다.

 서로를 애틋하게 응원하고, 언제나 그리워하는 존재가 있다는 것은 어떤 일보다 더 행복인 일이다. 작은 돌부리에 넘어져 아파하고 있으면 일으켜 줄 사람이, 좋은 일이 생겨서 기뻐하고 있으면 나보다 더 행복해할 사람이 있다는 뜻이다.

 사실 나는 친구라는 존재를 살갑게 챙길 줄 모르는 사람이다. 친구보다 중요한 우선순위들이 너무나도 많아서 그들을 챙겨내지 못했다. 가끔 힘들다며 하소연하는 친구에게 위로해주러 가기 위해 억지로 빼는 시간을 제외하면, 나의 시간은 원고 작업과 스피치 강의가 대부분이다. 핸드폰 달력에 표시해둔 친구의 생일날이면 작은 선물과 짧은 편지를 보내는 게 내 애정 표현의 전부이다.

그런 나인데도 나는 참 운이 좋다. 세상에 이런 친구들이 또 있을까 할 정도로 좋은 사람들이 우정이라는 매개체로 늘 내 곁을 지켜주고 있다. 한결같이 내 친구의 자리에서 기다려주는 그들이다. 연락하는 것에 게으르고, 정기적으로 만나는 자리에 잘 참여하지 못해도 그저 나를 응원해준다. 안정적이지 못한 직업을 선택한 나의 입장을 먼저 고려해주고, 내가 어떤 선택을 하더라도 늘 믿어주는 사람들이다.

이십 대 시절 힘든 일이 생겼을 때, 전화를 걸어 울먹거릴 수 있는 친구들이 있다는 것은 나를 용감하게 만들어줬다. 내 힘듦을 털어놓을 수 있는 내 편이 존재한다는 것만으로도 든든했었다. 너무 힘들다고 말하면 다음 날 밥 먹자고 기꺼이 내 동네로 찾아와주는 친구들이었다. 나도 그들을 걱정하듯이 그들도 언제나 나를 걱정해주는 그 마음이 참 따뜻했다.

교복을 입고 온종일 교실에 앉아 공부하고, 쉬는 시간에 매점에 가서 빵을 사 먹는 게 큰 낙이었던 우리는 제법 어른이 됐다. 여전히 애틋하고 서로가 더 잘됐으면 하는 마음을 머금은 채로, 돌아보면 교실에서 치열하게 공부하던 추억을 간직한 채로, 친구라는 자리에서 우리는 나이 들어갈 것이다.

서로를 애틋하게 응원하고,
언제나 그리워하는 그런 존재로.

삶이 조금 달라져도
괜찮은 거야

o

   만나면 떡볶이를 먹고, 취직에 관한 이야기로 카페에서 몇 시간을 떠들었던 그녀가 아이 엄마가 됐다. 나보다 몇 살 많은 언니였지만, 친구처럼 지냈던 탓에 그녀의 출산은 나에게 유난히 신기하게 느껴졌다. 여전히 나와 팥빙수를 먹으러 가자고, 날이 좋으니 놀러 가자고 말할 것 같은 귀여운 그녀가 엄마가 되었다. 종종 만났던 그녀의 부재는 당연한 일이 되었다. 육아라는 끝나지 않는 업무에서 누구보다 최선을 다하고 있는 모습이 눈에 선했다. 메신저의 프로필 사진이 자신의 셀카에서 아이의 사진으로 변하고, SNS에 한두 장씩 아이의 사진이 올라오는 걸 보면서 그녀가 진짜 엄마가 되었다는 것을 실감했다.

   가끔 메시지로만 잘 지내느냐고, 밥은 제때 챙겨 먹는 것이냐고 서로를 챙겨주던 우리였다. 그런 그녀에게 전화가 왔다. 보고 싶다는 내 말에 그녀는 울음을 터뜨렸다. 그녀의 심정을 다 알 수는 없었지만 좋기도 하고 답답하기도 하고 애틋하기도 하면서 복합적일 것 같았다. 무슨 일이 있는 것이냐고 묻지 않았다. 딱히 무슨 일이 있는 것이 아니라 마음이 힘겨워서 그냥 나오는 눈물이 있는 법이었다. 슬퍼서도 아니고, 아파서도 아니고, 마음이 힘에 부칠 때 어딘가 모르게 울컥하는 기분이 드는 것은 어쩔 수가 없다.

울음기 섞인 목소리로 그녀는 꽤 긴 시간을 이야기했다. 아이를 출산하느라 늘어나 버린 몸의 형태를 볼 때면 절망스러운 마음이 종종 든다고, 육아는 같이하는 거라고 호언장담하던 남편이 아이가 울면 언니에게 애 운다고 빨리 달래라며 부르는 목소리가 밉다고, 아이를 위해 일을 그만두라고 설득하는 시부모님도 애석하다고, 엄마이자 사회인으로 양립하기 위해 맞서는 과정이 버겁다고, 그런데도 자신을 닮은 아이를 볼 때면 그게 다 잊힐 만큼 참 행복하다고 말했다.

또래의 내가 봤을 때도 그녀는 참 멋진 여자였고, 지금도 마찬가지이고, 앞으로도 여전히 멋진 사람일 거로 생각한다. 그녀는 여자에서 훌륭한 엄마가 되기 위한 과정을 걷고 있는 중이었다. 시간이 흘러가면서 달라지는 역할에서 잠시 힘들기도 할 것이고, 길을 잃은 것 같은 느낌이 들 때가 올 것이다. 그래도 변하지 않는 것이 있다면 나에게는 세상에서 가장 좋은 언니라는 사실이다.

아마 우리는 지금처럼 자주 보지 못하고, 현실에 발붙이고 사느라 여유롭지 못할 수도 있다. 그렇게 바쁘고 정신없는 와중에라도 잠시 떠올리고 목소리를 들을 수 있는 존재가 있음에 감사하며 살아간다. 항상 마음으로 응원하면서.

함께해줘서 고마워

o

 삶을 살아갈 때는 어느 정도의 우아함을 지켜나가야 한다고 생각한다. 내가 정의하는 우아함이란 외국 왕족 같은 손짓이나 행동이 아니다. 어느 순간에나 적절한 감정선을 유지하고, 싫거나 불쾌한 기분을 남에게 티 내지 않는 기본적인 것이다. 나를 믿어주고 애정해주는 내 사람들에게만은 편안한 사람이 되어주고 싶다. 자신의 감정을 숨기지 못하는 게 원래 그렇다는 알량한 핑계로 합리화하지 않는다. 누군가가 화를 내는 모습을 보는 게 나도 싫었듯, 상대도 마찬가지라는 사실을 먼저 고려해야 한다.

 쉽게 짜증을 내거나, 화를 내지 않는 우아함을 지키기 위해서 몇 가지를 잊지 않으려고 노력한다. 나도 완벽한 사람이 아니고 부족한 점이 많듯, 타인도 당연히 나처럼 완벽하지 않은 존재라는 것을 되새긴다. 특히 내 가까이에 있는 사람들과 함께 할 때면 그 당연한 사실을 새삼 더 감사히 여기며 지낸다. 내 곁에 있는 사람들도 나처럼 이런 노력을 해주기 때문에 우리의 관계들이 틀어지지 않고 매끄럽게 흘러가고 있을 것이다.

하나의 관계를 만들어내고 그 관계의 작동이 유지되는 것은 어느 정도의 이해와 참을성, 애정이 동반되어야 한다. 하나부터 열까지 모든 점이 다 합리적이고 자신과 똑같아서 관계가 유지되는 일은 극히 일부에 불과하다. 내가 상대를 위해 노력해주듯이 그 사람도 나를 위해서 한 발자국 양보하고 이해하려고 애쓰기 때문이라는 걸 안다. 곁에서 늘 함께해주는 사람들에게 고마움을 한 번 더 말한다. 우리의 관계를 더 건강하게 만들기 위해서 늘 노력해줘서 고맙다고.

함께해줘서 고맙다고.

자연스럽게 달라지는 것

o

 꾸준히 연락하며 지내는 나보다 열 살이 많은 언니가 있다. 제법 나이 차이가 나는 편이라서 둘의 관심사나 대화의 화제가 맞지 않을 법도 한데, 동갑내기 친구처럼 만나면 시간 가는 줄 모르고 이야기하는 사이이다. 그녀는 나보다 더 단호하고 시니컬한 성격을 가졌다. 다른 사람들의 기분을 먼저 돌봐야 하는 건 아닌지, 내가 먼저 이해해야 하는 것은 아닌지 늘 걱정이 많았던 20대의 나에게 늘 "너부터 챙겨. 그다음에 뭘 하던지 해."라고 말하던 그녀였다.

 언니는 언제나 확실했다. 자신의 친구에게도 정해진 기준을 벗어나는 사람이라면 확실히 끊어냈다. 나에게도 늘 진심으로 말해주는 이야기 중에 하나가 굳이 불편한 사람을 곁에 붙잡아 둘 필요가 없다는 것이었다. 학부생 시절에 있었던 고민은 더 많은 사람과 어울리며 지내야 할 것 같고, 동기나 친구들에게 무례한 말을 들어도 모른 척 넘어가는 게 맞을 것 같고, 이상한 사람을 봐도 눈감아주는 게 편할 것 같았다. 언니는 나를 위해 이런 말을 해주었다.

"얼마나 진짜 친구가 존재하기 어려운지 명언 같은 거 보면 알잖아. 위인전기에 나오는 그 똑똑하다는 사람들이 단 한 명의 친구가 있다면 그걸로 당신은 성공한 삶이다. 이런 말을 하겠니? 너를 너만큼이나 아껴주는 친구가 있다면, 그걸로 된 거야. 친구 100명이 무슨 소용이니 제대로 된 네 편 하나가 제일 중요해. 인간관계는 무조건 양보다 질이야."

살다 보면 여러 번 주변 사람들이 채에 걸러지는 것이라는 말을 들었다. 모두에게 다 잘해주면서 가볍더라도 많은 사람과 친구라는 이름은 유지해야 하는 것은 아닌지 걱정하던 나를 흔들리지 않게 해주는 말이었다. 그리고 그 시간을 지나와보니 정말로 맞는 사실이었다. 더 촘촘해지는 채에 걸러지고 나에게 맞는 사람들 몇 명만 저절로 남아있게 됐다.

떠날 사람은 자연스럽게 떠나고, 남아있을 사람은 그곳에서 지키고 있는 게 관계이다. 미리 함께할 사람들에 대해서 걱정하고, 연연하지 않아도 된다. 결국 당신을 닮은 좋은 사람들만 자연스레 당신 곁에 남아있을 테니.

"인간관계는 무조건 양보다 질이야."

잃어간다는 것

o

꽤 많은 것을 잃어가면서 성장하는 것 같다. 내가 다녔던 초등학교 안의 놀이터가 없어지고, 내가 가장 좋아했던 카페가 폐업하고, 할머니가 될 때까지 단짝 친구로 지낼 줄 알았던 친구와 멀어지면서, 무언가를 잃어도 의연해지는 법을 알았다.

내가 항상 그곳에 있으면 좋겠다고 소망한다고 해서 이루어지는 것은 없었다. 나는 그다지 큰 능력이 없었고, 사라지고 변화하고 없어지는 것을 두고 보는 게 당연했다. 잃어갔던 것들을 세다가 이렇게나 많았나 싶어서 덜컥 먹먹해지곤 한다. 더는 가질 수 없는 어린 시절의 순수함이나, 나 자신만 있으면 뭐든 해볼 수 있다고 믿었던 젊은 날의 용기나, 사이좋게 지내기만 하면 늘 곁에 있을 거라고 생각했던 어린 시절의 친구 같은 것들은 더는 나에게 없다.

젊음이 나이 듦으로 변화하면서 건강을 잃고, 여유를 갖게 될 것이다. 마찬가지로 내가 잃었던 것들 때문에 무언가 나에게 남겨진 것이 있었다. 현실을 볼 줄 아는 사고 능력이나, 나 자신의 능력치를 알게 되는 조심성이나, 나와 잘 맞는 사람을 찾아내는 방법 같은 것들 말이다.

잃어버린 것들은 사라지면서 어딘가에 남겨져 있었다. 다시 더 잘 살아낼 수 있는 그런 모습이 되어서.

깊이 있는 우정

o

  설렘이 없다고 사랑이 아닌 게 아니듯, 우정도 격한 표현이 없어도 진심 어린 우정이 있다.

  남편은 친구들이 많은데, 그중에서도 참 좋은 사람들이 많다. 때때로 그를 걱정해주고, 챙겨주고, 연락하는 모습만 봐도 알 수가 있다. 결혼식 날 제주도에서 온 남편 친구분이 있었다. 나는 처음 보는 얼굴이었지만, 그의 눈만 봐도 우정의 무게를 감히 알 수 있었다. 아침 일찍 비행기를 타고 와서 결혼식을 보고, 다시 오후 비행기로 다시 제주도를 간다고 그랬다. 아끼는 친구의 미래를 응원하기 위한 고생은 별일 아니라는 듯이 말했다.

지방에서 올라와야 했던 내 친구도 마찬가지였다. 막히는 교통체증 탓에 5시간을 도로 위에서 있다가, 부랴부랴 결혼식 시간에 맞추어 도착했다. 신부 입장을 보지 못할까 봐 서둘렀다는 친구였다. 딱 한 번뿐일 그 순간을 봐서 다행이라며, 그거면 됐다고 웃었다.

호들갑스럽지 않고 잔잔하지만 깊은 우정 덕분에 느낄 수 있는 용기가 있다. 언제라도 항상 나는 네 편이라는 진지한 응원이 느껴지는 친구 덕분에, 삭막한 인간관계 안에서도 따뜻함을 느낀다.

> **깊은 우정 덕분에 느낄 수 있는 용기가 있다.**
> 호들갑스럽지 않고 잔잔한.

적당한 거리
적당한 배려

○

 나는 타인에게 궁금한 점이 거의 없는 편이다. 그래서 먼저 질문을 하는 것도 드물다. 그게 내가 남을 위해 하는 배려이기도 하고, 나의 정신건강을 위한 습관이기도 하다. 남에게 굳이 큰 관심을 두지 않는다. 다 각자만의 사정이 있고, 그들만의 삶이 있다는 것을 존중한다. 그 촘촘한 삶의 결 사이사이를 깊이 알고 싶지 않은 마음이다.

 관심이라는 이유로 여러 질문을 많이 하는 사람들이 있다. 좋아하지 않은 부류의 사람들인데, 그런 사람들과는 아주 멀어져서 지내는 게 편하다. 처음 만난 자리에서 고향, 출신학교, 전공, 가족관계, 부모님 직업, 기타 등등을 서슴지 않고 묻는다. 자신들의 질문이 무례함에 가깝다는 것을 인지하지 못하고, 그저 친하게 지내고 싶었다는 이유를 대곤 한다. 그게 꼭 나쁜 것은 아니겠지만, 나에게는 무례함이고 불편함이다.

내가 겪었던 불편함을 타인에게 주지 않는 것이 괜찮은 사람이 되는 과정이라고 생각한다. 썩 괜찮은 사람으로 살고 싶어서 누군가를 만나면 딱히 먼저 질문하지 않는다. 지금 내가 바라보고 판단한 사람의 모습이 더 중요하다는 것을 알기 때문에, 과거에 살아온 삶이 그다지 궁금하지 않다. 사람들을 만나고 지내보면서 하나의 인격체가 어디서 태어났고, 어떤 학교를 졸업했고, 부모님은 어떤 사람인지가 중요하지 않다는 것을 인지하게 되었다. 지극히 개인적인 질문이 사람을 판단하고 바라보는 기준으로 작용시킬 필요는 없었다. 눈을 맞추고 대화를 하면 뚜렷하게 나타나는 사람마다 다른 온도와 성격이 있다. 내가 만나보고 느낀 고유의 결이 중요한 것이지, 쓸데없는 질문의 답변으로 한 사람을 알 수는 없었다.

타인에게 조금은 무관심한 상태를 유지한다. 적당히 멀리 떨어진 거리가 있어야 편안한 마음도 생기는 법이다. 아직 매우 가까워질 마음이 없는 사람에게 억지로 가까워지겠다고 이런저런 이야기를 꺼내는 것은 배려가 아니다. 차라리 어색하더라도 불필요한 말은 꺼내지 않고 가만히 있어 주는 게 어쩌면 더 편할 수도 있다. 편안한 분위기를 만들어서 친해져야 한다는 강박에서 벗어나는 게 중요하다. 모든 사람과 다 친하게 지내지 않아도 된다. 어색한 사이로 남아도 괜찮을 사람들은 어색한 존재로 멈춰있는 게 더 낫다.

남을 위해서도 나를 위해서도 타인에게 큰 관심을 두지 않고 살아가는 게 필요하다. 하루하루 나 자신과 내 가정에만 관심 쏟기에도 짧은 하루이다. 남편이 먹고 싶다고 했던 음식, 내가 읽을 책, 쓰고 싶은 글, 마감해야 할 원고에 들어갈 내용, 남편과 자기 전에 보고 싶은 영화 같은 것들로만 채워도 삶은 유익하게 풍성해진다.

오롯이 나 자신에게만 집중하고 최선을 다하면 된다. 내 가족도 아니고 인생에서 크게 신경 쓰지 않아도 될 사람들과는 평행선처럼 닿지 않게 떨어져서 지내는 게 편하다. 크게 관심 두지도 말고, 타인의 시선을 신경 쓰지도 않으면서 크게 모나지 않게 오늘도 살아낸다.

사
람
공
부

o

  책을 열어서 공부한다고 하더라도, 실제로 겪어봐야만 느끼고 알 수 있는 것이 사람 공부이다. 주변 사람들을 조심해라, 멀어질 사람은 과감히 멀게 만들어라, 사람은 고쳐 쓰는 게 아니다 같은 말들을 아무리 들어도 크게 와닿지 않은 것이 대부분이다. 사람들과의 관계 안에서 만들어지는 필연적인 갈등과 인간관계의 따가움을 느끼고 나서야 우리는 저런 말들이 새삼 맞았음을 알게 된다.

  시간이 흐르고 여러 사람을 만나면서 자연스레 인간관계에 대해서는 크게 동요하지 않아야 한다는 것을 느끼게 되었다. 가까이 다가오는 사람을 의식해서 잘해줄 필요도 없고, 서서히 멀어지는 사람을 신경 쓰며 아쉬워할 것도 없다. 가까워졌다가 멀어지는 과정에 대해서 마음을 휘청거리지 않아도 된다. 구태여 이유를 찾으려고 고민하지 말고, 자신의 탓은 아닐지 쓸데없는 반성도 접어야 한다. 조금은 유감스러울지라도 어차피 멀어질 인연이었다고 생각하는 게 더 편안할 것이다.

여러 명과 가볍게 친한 관계에 신경 쓰는 것을 접고서, 나와 맞는 사람들 몇 명과 진심을 다해 사귀면 된다. 세상살이의 버거움을 알기에 치열하게 살아가는 삶을 응원하고, 그저 서로가 잘되기만을 바라는 존재가 나타난다. 사람 공부라는 게 대단한 게 아니라 이렇게 여러 사람을 겪다 보면 자신과 맞는 사람을 알게 되는 과정이라고 생각한다.

갈등이 없을 수는 없고, 모든 게 같을 수는 없지만, 기꺼이 당신과 맞춰나가면서 시간을 같이 쓰고 싶은 사람이 분명 나타날 것이다.

선한 영향력의 무게

o

유럽에서 공부를 하고 학자의 길을 걷고 있는 교수님이 계셨다. 학생들에게 단 한 번도 반말을 쓴 적이 없었다. 가령 우리가 지나가다 인사를 드리면 우리와 똑같이 존댓말로 인사를 받아주었다. 회색빛의 머리카락과 눈가의 주름이 알려주는 세월의 깊이를 내세우지 않고서, 늘 배우려고 노력하는 그 모습이 참 멋진 분이었다. 수업 시간에 가끔 우리에게 인생을 살다가 본인이 느꼈던 점들을 말해주시곤 했었다. 한 번은 이런 말을 해주셨다.

"50이 훌쩍 넘도록 살아보니 분명히 사람마다 수준이 있다는 걸 알게 되었습니다. 학력, 직업, 연봉, 이런 것 따위가 아니라, 사람의 성품이 갖고 있는 수준 말이에요. 여러분들도 사회에 나가서 더 많은 경험을 해보면 수준 차이를 느끼게 될 겁니다. 수준 낮은 사람을 만났다면 부딪히지 말고 서둘러 달아나고, 수준 높은 사람을 만났다면 그 사람에게 많은 점을 배워보세요. 여러분들에게 꼭 해주고 싶은 말입니다. 삶을 살아가다가 닮고 싶은 사람을 만난다는 것은 참 어려운 일일 겁니다. 왜냐하면 높은 수준의 사람이 드물다는 뜻이기도 하니까요."

20대 초반이었던 나는 그가 해준 말의 전부를 다 이해하지는 못했다. 삶의 경험이 부족했던 탓에 수준이라는 단어가 내포하고 있는 수많은 내용을 느끼지 못했다. 한 살씩 나이를 먹어가고 사회에서의 경험이 쌓이면서 나는 그의 말을 조금씩 더 깊이 이해했다.

같은 것을 배우고, 비슷한 것을 경험했다 하더라도 각자 다른 수준이 만들어졌었다. 돈이 전부라면서 모든 것을 돈에 대한 기준으로 판단하고, 돈을 좇느라 혈안이 된 사람도 있었다. 인생은 즐기면서 사는 것이 먼저라면서 도덕적으로 타락한 자신의 삶을 눈감아주며 지내는 사람도 있었다. 인생을 불평으로만 채우면서 남을 시기 질투하느라 허송세월하는 사람도 보았다. 다들 겉으로는 멀쩡해 보여도 그들의 수준이 보였고, 교수님이 말해줬던 것이 떠올랐다.

나도 아직 한참 부족한 성품의 수준을 가진 사람이라는 것도 느껴졌다. 열심히 모나지 않게 살아오기만 했다고 해서 다 되는 게 아니었다. 남을 끌어 안아줄 수 있을 정도의 이해심도 없고, 내 잘못을 보면 빨리 숨기고 싶어 하는 그런 부족한 사람이었다. 달라지기 위해 노력하며 살아가는 중이다. 나이를 든다는 것은 하나라도 더 괜찮은 수준의 사람이 되는 과정이 아닐까 생각한다. 그때는 몰랐지만, 지금은 알게 된 것들이 늘어났듯, 세상을 바라볼 수 있는 폭은 자연스레 넓어지게 된다. 그만큼 이해할 수 있는 것의 양도 커지고, 삶에서 지켜내야 하는 신념 같은 것의 무게도 깊어질 것이다.

 우리는 한 단계씩 더 나아지는 중이다. 남에게 피해를 주지 않고 성실하게 살아가는 목표로 살아가다 보면, 어느 날은 누군가에게 도움이 되는 사람으로 살고 있을 것 같다. 작은 도움이라도 남에게 기꺼이 내어주다 보면, 선한 영향력을 작게나마 펼칠 수 있는 인품이 갖춰질 것으로 믿는다.

내가 먼저 나를 돌보는 게 맞아

o

　나는 무디면서도 예민한 사람이다. 주변 온도나 습도, 환경변화 같은 것은 잘 알아채지 못할 정도로 무딘 편인데, 나에 대해서는 예민한 편이다. 하루하루 조금씩 달라지는 감정선의 변화를 늘 주의 깊게 살피는 데에 노력한다. 지금 내 기분을 알아야 감정의 적당함을 조절할 수 있기 때문이다. 내가 조금 기분이 안 좋거나 우울하다는 이유로 옆 사람에게 불편함이 되고 싶지 않다.

　주변 사람의 기분을 먼저 살피던 때가 있었다. 누군가가 기분이 안 좋아 보이면 그걸 풀어주려고 노력하거나, 비위를 맞춰주려고 노력했었다. 정작 나 자신의 기분이 어떤지 놓치고 있으면서, 타인의 감정선을 우선으로 생각하고 있었다. 사실 그럴 필요는 전혀 없는데 말이다. 내가 아닌 사람이 다른 문제로 화가 나 있다면 그건 그 사람이 풀어야 할 감정의 숙제이다. 타인인 내가 나서서 풀어주기 위해 굳이 할 필요가 없는 희생이나 노력 같은 것을 구태여 하지 않아도 된다.

20대 초반 내가 처음으로 대기업 인턴으로 입사했을 때 만났던 상사가 있었다. 그는 나에게 자신을 예민한 성격이라고 소개했다. 그리고 같은 사무실에서 앉아있는 잠깐 사이에 그 소개가 틀렸다는 것을 알았다. 예민한 게 아니라 그냥 짜증이 많은 성격이었다. 매사가 짜증이었고, 그의 기분을 맞추기 위해 눈치껏 행동해야 했다. 사소한 점심 메뉴 선정부터, 보고서의 폰트 크기까지 그의 눈치를 봤다. 그가 화내는 이유가 일관적인 것도 아니었다. 별것 아닌 일로 화가 나면 담배를 피우겠다고 옥상으로 올라가서 내려올 생각을 하지 않았다. 일은 다른 직원들에게 맡겨두고서, 자신은 화가 났다는 핑계로 담배나 피워대면서 시간을 축내고 있었다.

주변 사람들이 나에게 계속 다니는 게 어떠냐고 추천한 회사였다. 그곳을 내가 미련 없이 떠날 수 있게 해준 큰 공헌을 한 사람이었다. 하루 중에서 업무 스트레스보다 더 큰 것이 그 사람의 기분에 좌지우지되는 것이었다. 수직적 관료제에서 가장 나쁜 캐릭터인 그였지만, 또 그 관료제라는 틀 안이었기 때문에 그에게 함부로 불편함을 말할 수 있는 사람도 없었다. 오직 자신의 감정에만 충실해서 감정을 절제하지 못하는 사람 때문에 주변 사람들이 얼마나 힘들어하게 되는지 알았다.

학원에서 근무했을 때 동료 선생님이 그랬다. 혼자서 짜증 부리고, 혼자 화나서 불편한 분위기를 만들기 일쑤였다. 나는 전처럼 가만히 있으면서 그녀의 기분을 맞추려고 노력했었다. 까칠한 그녀의 화가 나에게 불똥 튀는 것은 막고 싶었기 때문이었다. 몸이 안 좋다는 이유로 일찍 퇴근한 그녀의 자리를 대신해 늦은 저녁 강의를 하고 퇴근하는 길이었다. 생리가 끝난 지 2주일도 되지 않았을 때인데, 다시 생리가 시작된 것이었다. 재수생 생활을 하면서도 한 번도 오지 않았던 생리 불순이 찾아왔었다. 병원에서는 스트레스가 원인이라고 했다. 마음을 편히 하라는 처방을 내려줬는데, 같이 일하는 사람이 편하지가 않아서 마음이 도무지 편할 수 없었다.

나를 위해서 내 옆에 있는 사람들의 부정적인 감정에 맞춰주지 않는 것을 연습했다. 그 사람이 기분은 내가 상관할 바가 아니었다. 눈치가 빠른 편이었는데, 일부러 눈치 없이 살아가는 것을 읽혔다. 빠르게 상황을 읽고 상대를 위해 맞춰주면 고마워하기보다는, 나를 더 이용하려는 사람들이 많았다. 그것 때문에 나 자신을 더는 힘들게 해서는 안 되는 상황이었다. 자기 분을 못 이겨 짜증을 내는 그녀에게 교무실 밖에서 감정정리를 하고 오라고 말했다. 그게 예의이고 일하는 동료들끼리의 기본이라는 말도 덧붙였다. 한 번 시작이 어려웠지, 그 후는 썩 괜찮았다. 업무적인 관계에서 도가 지나치는 감정을 분출하는 사람에게는 무례하지 않게 지적했다. 효율성을 높이는 데에는 감정적인 소모만큼 낭비가 없다는 건 당연한 사실이기 때문에, 무어라 반박하는 사람은 없었다.

자기 성격이 원래 그렇다는 것을 이유 삼아 옆 사람이 불편할 정도로 자기 마음껏 감정을 분출하는 인간군상들을 봤었다. 화가 많은 성격이라던가, 참을성이 없는 성격이라던가, 급한 성격이라고 자신을 소개하는데, 그것은 아주 무례하고 성의 없는 핑계일 뿐이다. 사실 누구나 불합리한 일에는 화가 나고, 나에게 조금이라도 불리한 일에는 참고 싶지 않고, 내 것부터 빨리 해치우고 싶은 급한 마음은 다 가지고 있다. 그런데도 우리는 화를 내지 않고, 참아내고, 양보하는데, 이것은 사람들과 살아가는 데에서 지킬 기본적인 예의라는 것을 알기 때문이다.

안타깝게도 가끔 본인의 기분 조절을 하지 못하는 사람을 만날 때도 있다. 그럴 때면 나는 그들의 감정에 나까지 휘둘리지 않기 위해서 최선을 다한다. 타인의 기분이 내 기분으로 전염되는 것은 무척이나 싫은 일이다. 내가 화난 게 아닌데 부정적인 감정에 나까지 휩쓸리고 싶지 않다. 자신이 풀지 못한 감정을 나에게 풀려고 하는 사람에게는 최대한 멀어진다.

남의 기분을 맞추느라 자신까지 힘들게 하지 않았으면 좋겠다. 신경 써서 돌봐야 하는 것은 나 자신이 먼저이다. 나는 어딘가에 내버려 두고 남을 위해서 무조건 희생하고 이해하기 위해 노력하지는 않아야 한다. 타인의 기분을 눈치 빠르게 맞추지 않아도 된다. 자기 자신의 기분을 타인보다 먼저 알아채고 돌봐주는 게 우선이다. 남이 만들어낸 기준에 나를 구겨 넣을 필요는 없기에.

타인의 기분을 눈치 빠르게 맞추지 않아도 된다.
남이 만들어낸 기준에 나를 구겨 넣을 필요는 없기에.

닮고 싶은 사람

o

　내가 대학생 때 방학 동안 유럽 여행을 다녀오는 게 큰 인기였다. 아르바이트로 돈을 모아서 다녀오는 친구도 있었고, 부모님이 여행을 보내주는 친구도 있었다. 나는 방학 때면 도서관과 학원에 다니면서 공부하는 게 당연한 일상이었다.

　여행을 다녀온 동기들에게 유럽에서 느꼈던 점들을 듣거나, 관광에서 즐거웠던 에피소드를 들으면 그게 참 부러웠다. 부모님이 힘들게 번 돈을 여행에 쓸 용기는 없었다 그 당시 내가 용돈을 아껴서 모아놓은 돈은 학생이던 나에게 적은 돈은 아니었다. 패키지 유럽 여행을 한번 다녀올 수 있는 금액이었는데, 그것을 다 써버리면 남은 돈이 없어진다는 게 문제였다. 열심히 모아놓은 돈으로 새로운 경험을 해볼 패기는 없었다. 그런 내가 문득 너무 시시하게 느껴졌었다.

내가 많이 따랐던 언니에게 내가 느끼는 심정들을 말했었다. 유럽 여행 한 번 가서 생각 정리하고 오라는 주변 말을 들으면 내가 괜히 작아진다고 고백했다. 나는 훌쩍 떠나볼 용기도 여유도 왜 없는 것인지 모르겠다고 말했다. 그녀는 여행이 취미인 사람인데, 내 말을 듣고 대수롭지 않게 말했다.

"지금 안가면 에펠탑이 없어지니? 베네치아의 물이 말라? 너 여유 되고 가고 싶을 때 가면 돼. 남이 하는 거 다 해보려고 하다가 필요 없는 경험까지 한다."

언니는 여행을 위해서 대학생 때부터 통장이 5개가 넘었다. 아르바이트를 해서 번 돈으로 적금을 들어놓는다고 했다. 자신은 여행에서 느끼는 게 공부하는 것보다 더 커서 투자하는 것뿐이지, 여행이 대단하니 꼭 가보라고 추천하지는 않는다며 웃으며 말을 이었다.

"그리고 학생 신분이라는 게 그래. 너도 그렇고 나도 그렇고 당장 돈이 조금 없는 건 당연해. 우리는 돈을 제대로 벌 수 있는 신분은 아니잖아. 없는 것을 찾는 것 대신에 네가 얼마나 많은 걸 가졌는지 찾아봐."

그녀의 말처럼 그때의 나는 생각보다 갖고 있는 게 많았다. 젊음이라는 것도, 부지런히 노력할 수 있는 시간도, 배우고 싶은 것을 도전해볼 수 있는 용기도 있었다.

그녀는 내 어깨를 몇 번 두드리더니 나에게 말했다.
"네 인생인 거야. 누가 좋다는 말에 휘청거리고, 남이 싫다는 말에 초조해하다가는 결국 넘어져서 후회해. 네가 원하는 삶을 살아."
그때의 나는 그녀처럼 쿨한 성격이 아니었고, 생각의 기준이 명쾌하지도 않았다. 그녀의 겉모습이 아니라 단단한 내면이 멋있어 보였다. 종종 그녀에게 고민을 말했고, 그녀는 기꺼이 같이 고민해주었다. 함께하는 시간에서 많은 것을 배워나갔다.

닮아가고 싶은 사람을 만난다는 것은 아주 큰 행운이라고 그랬다. 어린 시절의 나는 운이 좋게도 좋은 사람을 만날 수가 있었다. 가끔은 쓴소리로, 어떨 때는 따뜻함으로 내가 세상에 휘둘리지 않게 단단하게 잡아준 사람이었다. 여전히 멋있는 그녀는 지금도 가끔 나와 전화 통화를 하면서, 나에게 해주고 싶었던 이야기들을 건네준다.

그녀에게 내가 배우고 느꼈듯이 나 또한 누군가에게 도움이 되는 사람이 되기 위해 노력한다. 마음이 여려서 눈물이 많은 후배라던가, 남자친구 때문에 자꾸 우는 친한 동생에게 기꺼이 언니의 역할을 해준다. 내가 받았던 그것을 나도 내 아끼는 사람들에게 전해주고 싶어서.

"앓았던 만큼 다 잘될 거야."

내가 바라는 사람

○

 타인의 불행에 견주어서 내가 낫다는 유치한 비교는 하지 않는 사람이 되려고 노력한다. 사람은 무엇으로 사는지 끊임없이 고민하는 법을 잃지 않고 싶다. 단순히 돈이나 명예 같은 것 말고 더 큰 가치를 늘 생각하겠노라 스스로 약속한다.

 내 주변의 가까운 사람들이 나를 떠올렸을 때 어떤 사람으로 기억할지 고민해봤다. 모두에게는 아니더라도 내 사람들에게는 그래도 참 좋은 사람이었다고 기억되기를 바라면서.

3장

우리는 자존감을 붙잡으며 살아간다.

남이 가볍게 던진 참견에 무엇보다 소중한 당신의 삶이 흔들리지 않으면 좋겠다. 누군가의 말은 남의 말일 뿐이다. 모든 사람의 말에 다 귀 기울일 필요는 없다. 적당히 필요한 말과 필요하지 않은 말을 구별하는 것만큼 중요한 것은 없다. 당신의 뚜렷한 마음이 가고 싶은 그곳이 분명히 당신의 길이 될 것이다.

○

그렇게 살아가면 된다.
누군가에게 잘 보이기 위한 삶이 아니라, 당신 스스로에게
충실하고 애틋하게 노력하는 삶을.

어쩌면 가장 어려운 일

o

 산다는 것이 어려운 것이라고 해도 당신만은 별로 어렵지 않게 모든 일이 잘 풀려나갔으면 좋겠다. 뜻하지 않게 무례한 사람을 만났다고 하더라도 당신은 그런 사람들 때문에 생채기가 나지 않았으면 좋겠다. 별의별 경험도 다 하면서, 아픈 것도 다 참으면서 살아내는 게 더 많다고 하더라도, 나는 당신이 좋은 경험만 하면서 살아갔으면 좋겠다.

 아침이면 해가 뜨고 저녁이면 해가 지듯이, 그냥 당연하게 당신에게 행복이라는 것이 가득했으면 좋겠다. 간혹 슬픔이 찾아오더라도 금세 사라질 정도로 틈틈이 기쁜 일이 차올랐으면 싶고, 문득 우울한 생각이 들더라도 그것을 다 덮을 정도로 즐거움이 나타났으면 싶다.

어쩌면 가장 어려운 일일지 몰라도 세상에서 가장 소중한 당신은 예쁜 말만 듣고, 모나지 않아서 편안한 경험들만 함께하기를 바란다. 따가운 생채기들은 멀어지고, 포근한 마음만이 늘 가득하기를.

포근한 마음만이 늘 가득하기를.
웃음꽃이 만개하기를.

그동안 참 많이도 애썼습니다

o

이겨내려고 애써야만 괜찮아지는 것이 아니다. 그저 흘러가는 대로 내버려 두어도 나름의 방향을 찾아 저절로 괜찮아지는 일도 있는 법이다. 시간이 흘러간다는 것은 단순히 지나가는 것이 아니라 어려움도 옅어지는 과정이다. 그냥 놔두어도 괜찮다. 지금껏 힘써 노력해온 당신의 노력이 움트기 위해서 잠시 숨을 고르는 순간이다.

소리 없이 울었던 밤도, 혼자서 고민하던 새벽도 모두 지나 이제 당신이 활짝 웃을 날이 찾아오고 있다.

익숙함과 낯섦의 간격

o

 중요하다고 생각했던 것이 어느 날부터는 별로 신경 쓰이지 않게 되기도 하고, 모든 기분을 좌지우지하게 할 정도로 커다란 영향력 있었던 것이 별로 크게 와닿지 않는 존재가 되기도 한다. 어떤 것이라도 영원할 수는 없다는 말의 의미를 흐릿하게라도 깨달으면서 성장하게 된다.

 성격도 변하고, 주변 사람들과의 관계의 모양도 변하듯 생각의 기준도 달라지는 것은 어쩌면 당연한 일일 수도 있다. 그 당시에는 절대 이해하지 못했던 일도 시간이 지나고 나면 그럴 수도 있겠다고 이해하게 되는 이유이다. 우리는 그렇게 다듬으며 걸어가는 중이다. 달라지고, 또 낯섦에 익숙해지고, 다시 익숙함에 새삼 낯설어지기도 하면서.

무난한 하루 속 멋진 순간들

。

 이야기를 쓰는 사람인 나는 다른 사람의 이야기를 듣는 것이 참 좋다. 그들의 삶의 궤적을 듣고 공감하다 보면, 사람마다 다르게 갖고 있는 경험의 일부를 나도 느끼게 되는 기분이다. 글을 쓰는 사람이라면 많은 것을 보고 느끼며 경험해야 한다고 하는데, 사실 나는 그런 점에서는 매우 부족한 작가이다. 따로 맛집을 찾아가지도 않고, 관광지를 시간 내서 방문하지도 않고, 계절마다 유명한 명소를 방문하지도 않는다. 그저 나에게 두런두런 내어주는 사람들의 인생 이야기를 듣는 게, 나의 기쁨이다.

 모두가 자신의 삶을 살아간다. 각자가 생각하는 소중한 책임감과 사명감을 가지고서, 하루를 살아낸다. 어느 정도의 걱정거리를 마음 한편에 둔다. 그것을 털어내지 못한다고 하더라도 괜찮다며 웃음 지을 수 있는 담대함을 쥐고서 걸어 나간다. 가까운 내일부터 아주 먼 미래까지 큰 기대는 하지 않더라도 작은 희망 하나는 남몰래 꿈꾸곤 한다. 거창한 것이 아니라 소소한 바램 같은 것들을 생각하고 소망해보는 것이다.

많은 분들의 이야기를 들으면서 내가 가장 뜻깊게 느꼈던 점은 누구도 자신의 삶을 대충 살아가는 법이 없었다. 자신의 분야에서 치열했고, 간절했고, 그래서 멋있었다. 이야기를 듣고 나면 저절로 참 멋지다는 말이 나온다. 내 말이 끝나면 모두가 아니라며 손사래를 친다. 자기의 삶은 평범해서 시시하기 짝이 없다며 멋쩍게 웃어버린다. 나는 본인들이 모르고 있는 그 삶의 고귀함과 빛남에 관해서 설명해주곤 한다.

대단한 삶이라는 것에 거창한 무언가를 떠올리는 경우가 많다. 화려함이나, 부유함 이런 단어들과 연관 지어서 생각하기 때문일 것이다. 사실 대단함이라는 것은 오늘 하루를 무사히 잘 살아냈다는 그 자체이다. 계획이 무색할 만큼 변수가 많은 게 일상인데, 그것들을 다 무난하게 보낸 하루의 끝만큼 멋진 순간은 없다.

정작 본인들은 자신의 삶이 얼마나 어여쁘고 훌륭했는지 놓치게 된다. 그만큼 바빴고, 되돌아볼 겨를이 없을 정도로 빠르게 흘러간다는 뜻이다. 자신의 오늘이 참 괜찮다는 것을 몰랐다는 것 자체만으로도 말해주고 있다. 당신이 누구보다도 열심히 그리고 근사하게 살아내고 있다는 것을.

사실 대단함이라는 것은
오늘 하루를 무사히 잘 살아냈다는 그 자체이다.

계획이 무색할 만큼 변수가 많은 게 우리들의 일상이기에.

겸손함
그리고
적당함

o

　겸손함을 필수 미덕이라고 배웠던 적이 있었다. 자신을 과시하거나 자신의 장점을 너무 내세우지 않으려고 하는 자세는 꽤 매력적인 점인 것은 분명하다. 다만 그 겸손함이라는 것을 잘못 받아들이고 실행하는 것은 썩 좋은 습관이 아니다.

　스피치 강의를 다녔을 때 일상적인 언어 습관 교정을 위해서 내가 중점적으로 지적하는 것이 바로 과도한 겸손함이었다. 붙이지 않아도 될 사족을 말의 시작에 넣은 경우를 많이 봤다. '내가 틀렸을 수 있지만', '네가 싫어할 수 있지만,' 이런 말을 먼저 하게 되면 청자로서는 경청하려는 마음가짐이 줄어든다. 어떤 수강생들은 정확한 정보를 말하거나, 심지어 개인적인 생각을 말하는데도 저런 종류의 말을 먼저 붙이고 시작한다.

그런 어구를 붙이는 이유를 알고 있다. 혹시라도 상대의 기분이나 생각에 불편함을 줄까 봐 먼저 꺼낸 배려의 말이다. 착하고 바른 심성이라는 것은 잘 알지만, 굳이 갖고 있지 않아도 되는 언어습관이다.

먼저 자신을 낮추는 말을 하지도 말고, 받아야 마땅한 칭찬을 아니라며 손사래 칠 필요도 없다. 당신은 누군가에게 애써 낮추지 않아야 할 만큼 소중한 존재이고, 남이 건넨 칭찬을 고맙다는 대답으로 받아들여도 될 만큼 장점이 많은 사람이다.

어떤 일을 잘한다고 칭찬받아도 아니라고 답하고, 끝까지 해낸 것을 보고 대단하다고 칭찬받아도 별것 아니라고 대답하는 경우가 많다. 겸손함으로 꺼낸 대답이라 할지라도 나는 당신이 받아야 할 칭찬은 받아들였으면 좋겠다. 잘한 일이고, 대단한 일이라는 것은 분명한 사실이니까.

입에서 나오는 말이 은연중에 자신의 생각을 물들이는 경우가 많다. 겸손하게 대답하기 위해서 '이 정도는 잘하는 것도 아닌걸요.' 같은 대답들이 혹시라도 당신의 생각에 스며들까 봐 걱정이다. 사실을 말하는 칭찬에 대해서는 조금은 당당하게 당신의 훌륭함을 스스로 인정해주었으면 좋겠다.

　기분 좋아지라고, 거짓 섞인 말로 아첨에 가까운 칭찬에 연연하지 않을 당신이라는 것을 안다. 그런 무의미한 말들 말고 진정으로 당신의 가치를 알아본 사람에게 당신도 편안한 미소로 고맙다고 대답해주면 된다.

자신의 훌륭함을 자신도 인정해주며
살아가는 게 더 나은 것일 테니.

더디더라도 꾸준히

o

 살아가는 과정에서 늘 선택의 갈림길에 서게 된다. 그중에서도 가장 고민이 됐던 것은 무엇을 하면서 살아가야 하는가에 대한 질문이었다. 하고 싶은 일과 해야 했던 일도 또렷하게 구분되어 다가왔다. 모두가 돈을 벌기 위해 직장을 찾는 나이에 나는 다니고 있던 곳을 나왔다. 그리고는 작가가 되고 싶다고 부모님께 잔뜩 긴장해서 말씀드렸다. 내 걱정과는 다르게 아빠는 내 손을 꼭 잡아주시면서 힘들면 언제든지 말하라고 그랬고, 엄마는 말없이 웃어주셨다.

 처음으로 원고를 쓰기 위해서 보증금이 저렴한 공유 오피스를 작업실로 얻었다. 내 능력은 아니었다. 부모님은 나에게 매달 오피스텔 월세와 작업실 월세, 내 용돈을 보내주셨다. 작가가 돼보고 싶다는 말을 향한 응원이셨다. 아빠는 편찮으신 탓에 퇴직하신 상태였고, 엄마도 디스크 때문에 힘든 상황이었는데도 불구하고 내 꿈을 지지해주셨다. 취직해서 탄 월급으로 부모님께 용돈을 드리는 친구들에 비해, 나는 오히려 용돈을 받고 있는 상황이었다. 그게 너무 죄송스러운 마음에 죄송하다고 말씀드리면 부모님은 죄송할 일이 아니라 고맙다는 달을 하라고 그랬다. 내 자식이 하고 싶은 일을 도와줄 수 있다는 것만으로도 행복한 일인 거라고 말씀하셨다.

그때의 나 같은 무명작가에게 사무실을 얻어 작업실로 쓴다는 것 자체가 사치스러운 일이었다. 두 평 남짓한 한 칸의 공간에 책상과 책장, 그리고 랜선이 전부였다. 그 공간이 얼마나 나를 설레게 했는지 모른다. 해야 하는 일은 돈을 벌어야 하는 것이었고, 내가 하고 싶은 일은 글을 쓰는 것이었다 아마 내 인생에서 마지막으로 하고 싶은 일을 해볼 수 있는 시간일 것이라고 생각했다. 시간은 한정되어 있었고, 그 안에서 나는 최선을 다해서 할 수 있는 것을 했다. 부지런히 그리고 꾸준히 글을 써 내려갔다.

작가라는 꿈을 이룰 수 있는 첫 책이 세상에 나오게 되었다. 인생은 드라마 같은 것이 아니었다. 책은 출간만 되었을 뿐이지

베스트셀러 순위에 오르지 못했다. 받은 인세는 백만 원이 조금 넘은 돈이었다. 추가 인쇄가 되지 않는다면 그대로 끝날 게 뻔했다. 괜히 무서워졌고 삶이 허무해졌었다. 다음 책을 위한 원고를 쓸지, 아니면 지금이라도 다른 일을 시작해야 할지 고민하던 나에게 아빠는 편지 한 통을 보내주셨다.

"사랑하는 내 큰 딸에게.
딸아, 화려한 시작은 드물고 예상된 성공은 거의 없단다. 가장 낮은 곳에서 조금 덜 낮은 곳을 향해 차근히 올라가는 게 인생일지도 모르겠구나. 아주 높은 곳만 바라보고 오르려고 하지 말고, 지금 발을 딛고 선 곳보다 한 단계만 더 오르면 되는 거야.
아빠는 네가 첫 책을 출간했다는 사실만으로도 벅차오른다는 걸 네가 알면 좋겠다. 몇 번을 읽고 또 읽었는지 모르겠다. 베스트셀러라는 타이틀보다 중요한 것은 네가 글을 진정으로 사랑할 줄 아는 작가가 되었다는 것이겠지.
삶은 끝이 없는 여정이란다. 지혜롭게 다음을 향해 걸어가다가 힘들면 꼭 말해다오. 세상이 무너진다 하여도 우리 사랑하는 딸들만큼은 지켜줄 내가 있단다. 사랑하고 또 사랑한다."

내가 가장 힘들었을 때, 세상에는 돈보다 중요한 게 있다는 걸 알았으면 좋겠다는 아빠의 말이 조금은 이해될 것 같았다. 나는 다시 다음 책 원고를 준비해나갔었다. 쉬지 않고 글을 썼고, 공부했다. 묵묵하게 내가 하고 싶은 길을 부지런히 걸어 나갔다. 글을 써서 밥벌이를 할 수 있게 됐다. 좋은 출판사를 만나 저자로서의 삶을 더 키워나가게 되었고, 나보다 더 노력해주는 출판사 덕분에 내 책이 베스트셀러에서 스테디셀러로 남게 되었다.

  하고 싶은 일 때문에 어디선가 고민하는 사람이 있을 것이다. 현실적인 문제와 이상을 견주면서 선택하는 일은 참 어려운 일이다. 아무것도 정해진 것은 없고, 가야 하는 길을 누구도 알 수는 없다. 느리더라도 포기하지 않고 오래 걸어낼 수만 있다면 나는 어느 것이라도 시도해보라고 말하고 싶다. 길이 없을 거라 생각했을 때 길은 나오는 법이고, 그곳에서 당신의 목표가 가까워지게 될 것이다.

> "가장 낮은 곳에서 조금 덜 낮은 곳을 향해
> 차근히 올라가는 게 인생일지도 모르겠구나."

갖고 싶은 것, 가질 수 있는 것

o

 자존감에 대해서 강의를 나가면 내가 가장 먼저 알려주는 방법이 하나 있다. 생각의 방향을 조금 바꾸는 방법인데, 내용은 이렇다. 우리는 대부분 막연히 갖고 싶은 것들을 자주 떠올린다. 누군가는 최신형 핸드폰, 자동차, 핸드백, 옷 다양한 것들을 생각할 것이다. 그리고 갖지 못했다는 점에 집중한다. 부족한 점이나 나에게 없는 것들을 찾아내는 생각으로 연결되고 만다.

 이럴 때 질문의 시작 방향을 조금만 다르게 조정하면 그 결과는 아주 달라진다. 가까운 미래나 조금 먼 미래에 가질 수 있는 것들을 골라보는 것이다. 마찬가지로 핸드폰, 자동차, 옷, 그리고 영어 회화 능력, 중국어 같은 지금 자신이 배우고 있는 것까지 떠올리곤 한다. 여기서부터 조금 달라진다. 지금 내가 무언가를 하면 혹은 더 노력하면 이룰 수 있다는 것을 바탕으로 떠올린 것들이다. 그래서 앞으로 무엇을 더 자신이 충실히 해야 하는지 고민하는 방향으로 생각의 순환구조를 연결한다.

언어라는 것은 정말 미묘하고 예민한 것이라서 작은 방향 하나에도 수없이 변화하는 것들이다. 생각의 시작점이 어디를 향하느냐를 잘 정해주는 게 가장 중요한 이유이기도 하다.

과거의 내가 그랬었다. 할 수 있다는 긍정적인 방향이 아니라, 왜 나는 못 하는지 비관하는 것으로 귀결되는 방향으로만 모든 생각을 끌어냈었다. 책을 내려면 어떻게 해야 하지? 를 떠올리는 게 아니라, 왜 나는 다른 동료 작가들처럼 책을 출간하지 못했지? 이런 어리석고 부족한 생각을 했었다. 괜히 누군가와 비교를 하게 되고 부정적인 생각만 늘어났었다.

하고 싶은 일이 있으면 그것을 앞으로 어떻게 내가 해낼 수 있는지를 먼저 생각하는 게 자신에게 도움이 되는 일이다. 이루지 못했다는 생각에 빠지게 되면, 자신이 작게 느껴지는 것은 막을 수가 없다. 지금 이 순간의 모습을 자책하고 부족함을 찾으려고 하지 말고, 조금 후의 미래의 자신을 응원해야 한다.

자기를 사랑하는 법이라고 해서 장점을 나열하고, 거울 속의 자신에게 사랑한다고 말해서 자존감이 회복되는 것은 아니다. 자신이 가야 할 곳을 분명하게 인지하고, 그곳을 향해 부단히 노력하는 과정이 자존감이 회복되는 일이다. 무언가를 한 만큼 변화하고 달라지는 자신의 모습을 누구보다 본인이 제일 잘 느낀다. 어제보다 분명하게 더 나아진 것 같은 느낌이 들기 시작하면 그때부터 더 빠른 속도로 자존감은 차오른다.

세상에는 가질 수 없는 것보다, 가질 수 있는 것들이 더 많다. 무엇보다 대단하고 소중한 당신이라는 사람이 자기 자신을 믿어준다면 더욱더 많아질 것이다.

하고 싶은 일이 있으면
앞으로 어떻게 내가 해낼 수 있는지를 생각하는 게
자신에게 가장 도움이 되는 일이다.

잘 살아가고 있어

。

 잘 살고 있는지 모르겠다고 고민하는 후배에게 무어라 대답할 수가 없었다. 사실은 나도 잘 살아가고 있는지를 알 수가 없었기 때문이었다. 잘 산다는 표현이 구체적으로 어떤 모양인지 떠오르지 않았다. 그녀의 어깨를 두드려주며 잘하고 있다는 응원이 내가 해줄 수 있는 전부였다.

 끝이라 생각했던 게 막상 끝이 아니고, 다음이 있을 줄 알았던 게 다시는 오지 않기도 한다. 한 번씩 덜컥 바뀌어버리는 삶에서 제법 우리는 잘 버티며 살아가고 있다. 작은 생채기가 생기면 가볍게 넘기는 법도 알아가고, 내가 누군가에게 상처를 줬을까 봐 되돌아보고 반성하는 법도 배워나간다. 모두에게 좋은 사람일 수 없듯, 누군가가 나에게 별로인 사람이더라도 크게 신경 쓰지 않고 넘겨버리는 유연함도 익힌다.

살아간다는 것은 역설적이게도 간단하면서 복잡한 일이다. 실수도 하고, 넘어지기도 하고, 제법 좋은 일도 겪어내고, 환히 웃어보기도 하는 게 꽤 잘 살아가는 삶이 아닐까 생각했다. 상처가 흉터로 남았어도 잘 아물었으면 괜찮은 것이고, 넘어져 멈췄더라도 다시 일어나서 천천히 걸어가면 된 것이었다.

 그래서 우리는 잘 살아가고 있는 것이라고 그렇게 믿기로 했다.

"반짝일 자신이 부족해도 주저하지 말기를."

최선을 다하는 법

o

20대 초반, 그때의 나는 참 마음이 가난했던 모양이다. 지금 와서 생각해보면 그렇게 서운해할 일도 아닌 것을 가지고서 쉽게 마음 상하곤 했었고, 누군가가 진심으로 나를 위해서 조언해주는 말을 속으로 부정하기 바빴었다. 자존감이 낮아서 유치하고 시시한 나였다는 걸 시간이 지난 후에서야 알았다.

나만 힘들고, 나만 고생한다는 편협한 생각을 지우지 못했었다. 세상의 사람들은 다 즐겁게 잘 지내는데, 그중에서 나 혼자 동떨어진 기분이었다. 우울감이라는 감정과는 다른 딱딱하고 날선 감정이 자리 잡은 상태였다. 세상은 내 뜻대로 되지 않는다는 당연한 사실을 알고 있으면서도, 그것이 참 서러웠다. 할 수 있는 최선의 노력을 했다고 내 노력의 양을 스스로 과대평가

하기 바빴다. 최선을 다했다는 표현은 그렇게 쉽게 쓸 수 있는 문장이 아니었는데 말이다.

학생 때 공공 기관의 인턴사원으로 일을 하게 되었었다. 학교에서 배웠던 것들이 실제 업무에서 어떻게 이용되는지, 회사의 일원으로 일을 한다는 보람을 배우게 될 거라는 기대는 첫날에 모두 무너졌었다. 두꺼운 책에서 봤던 내용을 이용할 회의는 없었다. 눈치 보는 법을 배웠고, 상사의 의견에 동조하는 화술을 익혔다. 자율적인 분위기에서 직원들의 업무 능력을 높인다는 운영방침이 무색했다. 말단 직원인 내가 해야 했던 일은 나보다 위에 있는 사람이 일하기 편하도록 미리 조사하거나 도와주는 게 전부였다. 그 안에서 나는 무언가라도 배우려고 노력하지 않았다. 불만족스럽고 별로인 점들만 찾아내느라 삶에서 도움 되는 시간으로 만들지도 못했다.

사실 나는 그곳에서 최선을 다하지 않았다. 그 당시 나는 나 자신이 하나도 좋지가 않아서, 다른 것을 볼 때도 좋은 점을 찾아내지를 않았다. 내가 진정으로 하고 싶은 일이 아니었다는 핑계를 댔고, 스펙으로 쓰기 위해서 잠시 해본 것이라는 합리화를 했다. 열정도 패기도 없었으면서 누군가에게 말할 때는 최선을 다했다는 말을 사용했다.

친구가 나와 비슷한 시기에 인턴으로 일을 시작했다. 교수님은 그다지 추천하지 않았던 기업이었는데, 출퇴근 길이 1시간 30분이나 걸리는데도 불평이 없었다. 연락하면 재밌다는 이야기, 배울 게 너무 많다는 이야기였다. 고작 심부름이나 한다고 불평하는 대신, 체계적으로 사원들이 일하는 방식을 직접 보게 된 것이 기쁘다고 말했다. 그녀는 다음 해에 해외로 떠났다. 그토록 원하는 해외 대기업에 취업했기 때문이었다. 아마 그녀는 진짜로 최선을 다했을 것이다. 단점을 찾는 시간에 배울 점에 집중하고, 하기 싫은 일에 한숨 쉬기 전에 업무의 단계에 대해 연구한 결과였다.

나는 그녀의 삶의 모습을 본 후부터 진정으로 최선을 다하는 법을 익혀나갔다. 누군가 때문에 하는 게 아니라 정말로 내가 좋아서 내 삶을 위해 살아가는 것에 집중했다. 내 경력에 쓸 한 줄이 중요한 게 아니라, 내가 진정으로 무엇을 느꼈는지가 가장 중요했다. 남에게 보이기 위한 것은 나 자신에게 별 쓸모가 없었다. 선택한 주체자인 내가 가슴에서 해보고 싶은 것에 대해 후회 없이 나아가보았다. 그제야 나는 최선을 다했다는 표현의 진짜 의미를 알게 되었고, 열심히 살아가는 내 모습이 꽤 좋아졌다. 부족함이 많고, 허술함이 많더라도 해내 보겠다고 포기하지 않는 그 자체의 내가 멋있었다.

혹시라도 자신의 모습이 마음에 들지 않는다면, 지금 자신이 얼마나 최선을 다하며 지내는지 알아주어야 한다. 잘하고 못하고를 떠나서, 다음 발걸음을 내딛는 당신의 용기와 꾸준함을.

그저 나의 다음 걸음에 대한 믿음과 확신을.

남의 칭찬에 연연하지 않을 것

o

예쁘다는 말은 긍정적인 의미를 담고 있는 대표적인 형용사이다. 색이 예쁘다, 마음이 예쁘다 등 어떤 대상을 향한 다정한 마음이 담긴 것 같아서 나도 종종 사용하는 편기다. 하지만 예쁨이라는 단어와 합쳐진 '예쁨 받다'라는 말은 꺼리는 표현 중에 하나이다. 능동적으로 자신의 삶을 살아가는 모든 사람의 모습과는 어울리지 않는 괴리가 느껴진다.

남에게 예쁨 받지 않아도 아무 상관이 없다. 자기 자신을 사랑하고 있다면, 타인의 시선이나 칭찬 따위는 그렇게 중요한 것이 되지 못한다. 그럼에도 불구하고 몇몇 사람들로부터 잘못된 표현을 사용하는 경우를 경험했었다. 드레스를 보러 가거나, 한

복을 맞추러 가거나, 결혼 준비를 하기 위해 들린 곳에서 직원들에게 예쁨 받는다는 표현을 몇 번 들었다. 남편에게 예쁨 받으려면 관리해야 한다, 시댁에서 예쁨 받으려면 잘 참아야 한다, 잘 웃으니 남편에게 예쁨 받겠다. 이런 말을 들었었다. 나쁜 의미로 한 말이 아니라는 것은 알지만, 썩 편안하게 들리는 표현은 아니었다. 글을 업으로 살아가는 나에게는 문자의 작은 의미도 신중하게 다가오는 법이었다.

결혼한다는 것은 남편이라는 평생의 동반자와 함께 가정을 같이 이끌어나간다는 의미이다. 부인이라서 남편에게 예쁨 받기 위해 산다는 말은 틀렸다. 내 남편이기 때문에 존중하고 최선을 다해서 사랑하는 것이다. 며느리라는 이름 때문에 참아야 하고 눈치 보며 사는 것도 잘못된 생각이다. 내 시댁이기 때문에 가족의 구성원으로 함께 즐거울 수 있는 삶을 사는데 최대한으로 노력하는 것이다. 예쁨 받는 게 중요한 게 아니라 서로 간에 사랑하고 사랑받기 위해 같이 살아가는 과정이다.

무릇 결혼이라는 한정된 상황뿐만 아니라, 우리는 자신의 삶 자체를 위해 노력하며 살아간다. 여자도 남자도 누구든지 고작 예쁨받는다는 행위에 연연할 사람은 없다. 어느 곳에 예속되지 않고 주체적으로 선택하고 이뤄내면서 걸어간다. 예쁘다는 표현 하나에 희비가 갈릴 만큼 미숙하지도 않고, 칭찬 몇 마디가 그렇게 중요하지 않다는 것을 누구보다 더 잘 알고 있다. 다른 사람이 나를 어떻게 바라봐주는지, 호감을 얼마나 가져주는지는 크게 상관할 일이 아니다. 나 역시도 누군가를 좋아하고 싫어하는 것에 대해서 별다른 이유가 없을 때도 있듯이. 남이 나에게 갖게 되는 호감의 크기에 신경 쓸 필요는 없다.

자기 자신의 삶을 아끼느라 노력하기만 해도 참 버거운 세상이다. 모난 점이 있어도, 미운 구석이 있어도 나 자신이기 때문에 아껴주기 위해서 보듬어주느라 온 신경을 다 쓰게 되기도 한다. 그렇게 살아가면 된다. 누군가에게 잘 보이기 위한 삶이 아니라, 당신 스스로에게 충실하고 애틋하게 노력하는 삶을.

마음 돌보기

。

내가 내 기분 하나를 맞추는 게 유난스럽게 어려워지는 때가 있다. 짜증을 부리거나 아무 말도 하지 않고 있는 것은 아니지만, 그냥 마음 어딘가가 물먹은 솜처럼 무겁게 축 늘어진 기분이 들곤 한다. 텁텁한 기분을 다시 제자리로 돌아오게 하려면 꽤 많은 시간을 할애해야 한다. 전처럼 달콤한 것을 먹는다거나, 좋아하는 음악을 듣는다거나, 재밌는 영화를 본다고 해서 쉽게 회복되지 않는다. 친구에게 전화를 걸어 마음 한쪽이 어두워져서 돌아올 기미를 보이지 않는다고 하소연했다. 그녀는 나에게 운동도 하면서 몸을 조금 움직여보라고 했다. 종일 의자에 앉아서 자판기만 두드리다 보면 기분이 나아질 틈이 어딨겠냐며 나에게 핀잔을 주었다. 그러면서 그녀가 이런 말을 했다.

"우리가 전에 좋아했던 것들이 언젠가부터 시시하게 느껴지는 게 나이를 먹는 거래. 생각해봐, 우리 고등학생 때 아낀 용돈으로 카페 가서 둘이 아메리카노에 치즈케이크만 나눠 먹어도 하루가 그렇게 행복할 수가 없었잖아. 지금은 너랑 조각 케이크 먹는다고 딱히 하루가 달라질 것 같지는 않아. 케이크 한 판을 사도 그냥 그래. 별 감흥이 없어. 아마 너도 그런 걸 거야. 무언가가 기분을 좋게 만들어줄 수 있는 건 이제 드물어. 네가 네 기분의 주인이 되는 걸 연습해. 운동도 좀 하면서."

동갑이지만 늘 내 언니처럼 챙겨주는 그녀의 말이 내 가슴 어딘가를 울린 듯했다. 그녀의 말이 맞았다. 시시하다는 표현은 조금 슬픈 것 같고 덤덤해진 것이라고 말하고 싶다. 해야 할 것이 많고 하는 일이 늘어난 만큼, 내가 해볼 수 있는 것들이 늘어났다. 언제라도 카페에 가서 초콜릿 칩이 가득 든 음료를 사 먹을 수 있고, 남편과 좋은 음악들을 들으며 드라이브를 할 수 있고, 보고 싶은 영화 한 편을 구매해서 볼 수 있었다. 생각해보면 모든 일이 다 감사한 것이고 즐거운 것인데, 나는 어리석게도 그것을 놓치고 있었다.

감정의 변화가 일상을 흔들리게 해서는 안 될 것 같았다. 내 기분을 다스릴 수 있는 것은 어떤 다른 게 아니라 나 자신이라는 것을 다시금 생각했다. 예민해진 감정선을 다잡기 위해서 며칠간 좋아하는 소설의 몇 페이지를 필사했다. 외우고 있는 몇 편의 시도 연습장에 적어보았다. 종이에 글자가 적어지면서 사각사각 들려오는 소리에 집중했다. 펜과 종이가 맞닿아 나는 특유의 소리를 참 좋아했었다. 연습장을 글자들로 채워가면서 나는 내가 좋아하는 것들과 고마운 존재들을 떠올렸다. 마음이 따뜻함으로 차오르는 게 느껴졌다.

처음이라는 두근거림에 신나던 나이를 다 지나고 나면 느끼는 특유의 잔잔한 포근함이 있다. 어제가 오늘이 되는 반복되는 일상이라서 느끼는 지루함이 아니라 평온함에 집중했다. 매일 아침이면 잘 잤냐고 침대에서 귀여운 춤을 춰주는 남편, 점심을 먹고 연하게 내리는 커피의 향기로움이, 내 품에서 매일 잠드는 발바닥에서 누룽지 냄새가 나는 강아지의 귀여움 같은 것들이 내게 과분하게도 늘 있었다. 단지 내가 귀하게 생각하지 못하고 있었을 뿐이었다.

친구의 말대로 조금이라도 운동을 시작했다. 보라색 요가 매트를 깔아놓고 예전에 배웠던 요가 동작을 떠올려 몸을 이리저리 움직여봤다. 요가를 하지 않았던 3년 동안 딱딱하게 굳어버린 몸처럼, 내 마음도 이렇게 굳어있었을지도 모르겠다. 당연함이라는 안일한 생각으로 삶의 온기를 느끼지 못하며 살아갈 뻔 했었다. 내가 요가에서 가장 좋아하는 자세가 있는데, 사바아사나 라는 누워있는 자세이다. 가만히 누워서 천장을 바라보았다. 부엌에서는 저녁으로 떡볶이를 만들어주고 있는 남편의 달그닥거리는 소리가 들렸고, 총총 걸어와 내 배 위로 올라온 강아지 크림이의 귀여운 숨소리가 들렸다. 아마 이게 행복인 것 같다.

어떠한 삶의 모양을 택했다 하더라도

o

  심리학자의 강연을 들은 적이 있었다. 사람이 태어나면서 갖게 된 성격은 변화하지 않는다는 게 그 강의의 주제였다. 소극적인 성격이 적극적으로 되는 경우나 수다스러운 사람이 과묵해지는 경우도 성격이 바뀐 것이 아니라고 한다. 변화한 것은 그저 사회화의 결과이다. 사회화 과정의 끝에 더 밝아진 성격이나, 적극적으로 보이게끔 행동하는 법을 터득한 결과라는 내용을 보여주었다.

  젊은 여자분이 나에게 스피치 강의를 수강했었다. 영업직을 하고 있다고 본인을 소개했다. 사람들 만나는 것도 불편하고, 말재주도 없지만 영업팀 말고는 자신이 취업할 수 있는 곳이 없었다고 그랬다. 당장 실적이 나와야 하는 상황인데, 회사 물건을 사용해보라고 말하러 다니는 게 너무 힘들다고 나에게 토로했다.

그녀는 자신의 넉넉하지 않은 월급에도 불구하고 무리해서 스피치 수업을 받고 있었다. 그런 그녀를 위해서, 나는 수업 시간이 아닐 때도 짬짬이 그녀에게 연락해서 스피치 교정을 도와주었다. 자꾸 새어 나오는 시옷 발음을 교정해야 했고, 청중 앞 공포심을 없앨 수 있는 연습을 해야 했다. 혼자서 연습할 수 있는 교안을 제작해서 보내주었다. 발음법을 내가 녹음해서 보내면, 그녀도 스스로 연습한 녹음 파일을 나에게 보내주었다.

약속한 횟수의 수업이 끝나고도 가끔 연락을 했던 그녀에게 메시지가 왔다. 자신의 영업팀에서 실적 2등이 났다는 소식이었다. 사람들 앞에서 말하는 게 이제는 무섭지 않다면서 나에게 고맙다는 말을 전했다. 나는 오히려 그녀에게 고맙다고 말했다. 그녀는 그 모든 게 내 덕분이라고 말하지만, 사실은 그렇지 않다. 내가 해준 것이라고는 고작 발성과 발음, 스피치 원고를 빨리 떠오르게 하는 기법 같은 것뿐이다. 그녀의 성격을 바꾸어줄 수는 없었다. 그녀를 사회화시키고 바꿔낸 것은 그녀 자신이었다. 변화하기 위해 끊임없이 노력한 그녀가 만들어낸 결과였다.

아픈 어머니를 위해서 빨리 안정적으로 돈을 벌어야 한다는 그녀의 목표 의식이 그녀를 변화시킨 것이다. 내성적인 성격이

활발하게 바뀐 것은 아니더라도, 사회라는 곳에서 살아남아야 한다는 목표 의식이 그녀의 겉모습을 다르게 만들어준 것으로 보였다.

그녀처럼 대부분의 사람은 현실에 대응하기 위해서 자기만의 방식으로 사회화를 겪어내며 살아간다. 조용하게 글을 써야 하는 직업을 갖게 된 내가 이왕이면 조용하고 차분하게 살아가기 위해 노력하듯이, 모두가 각자 나름의 삶의 방식을 만들어낸다. 그 방식 안에서 때로는 지치기도 하고, 원래의 자신의 모습을 잃어버린 것 같아서 혼란스러워지는 때도 오곤 한다. 사실 어떤 모습의 당신이라도 분명한 것은 당신 그 자체라는 것이다. 원래의 모습도, 그리고 달라진 모습도 모든 것이 다 소중하다. 어떠한 삶의 모양을 택했다 하더라도 나는 당신이기에 더없이 멋있다고 말해주고 싶다.

어여쁜 꽃들에게

○

  살면서 만나게 되는 많은 선택들 가운데에서, 그 결정의 주체가 가끔 남이 되곤 한다. 타인이 봤을 때 나를 어떤 사람으로 생각할지 고려하는 것이 우선시 되는 경우가 있다.

  누구나 알고 있는 아주 기본적인 사실이지만, 자신이 아닌 그 누구도 스스로의 삶을 책임져주지 못한다. 남의 시선이 본인의 의사에 큰 영향을 미치는 것은 지양해야 한다.

  한 그루의 나무에 꽃이 피어나면, 그 꽃의 크기, 색깔, 향기로 사소하게 평가하는 사람은 그리 많지 않다. 그저 긴 겨울을 버텨내고 단단하게 피어났다는 그 사실만을 집중한다. 어떤 모양의 꽃이 될지, 어떤 향을 담아낼지, 사소한 것까지 신경 쓰느라 중요한 것을 놓치지 않았으면 좋겠다. 남이 좋아하는 색이 되어야 하는지, 누군가가 말했던 향기를 가져야 하는지 고민할 필요는 전혀 없다.

 당신은 당신 그 자체로도 충분히 어여쁜 꽃이다.

어떤 향기를 가져야 하는지, 어떤 모양을 가져야 하는지
고민할 필요는 전혀 없다.

꽃이라는 건 존재 그 자체만으로도 어여쁜 꽃일 테니.
어여쁜 꽃들아. 견뎌온 만큼 잘 피워내기를 바랄게.

너의 모든 순간을 응원해

o

 스스로가 정해놓은 삶의 궤도에서 벗어나면 그게 그렇게 불안했다. 나는 궤도 안에서만 살아온 삶이었다. 내 삶에 나름대로 최선을 다해주고 싶기 때문에 지켜야 한다고 만든 약속들이 있었다.

 치열하게 목표를 향해 살아볼 것. 실패가 무서워서 뒷걸음질 치지 말 것. 훗날 나 자신에게 부끄러울 만한 일은 하지 말 것.

 젊다는 이유로, 한 번 사는 삶이라는 이유로, 분위기에 휩쓸렸다는 핑계로 소중한 내 인생을 흐트러트리고 싶지 않았다. 한 번 살아가는 삶이었기에 더없이 소중하고, 젊기 때문에 지켜내고 키워내야 할 게 많았고, 가벼운 웃음 한번을 위해서 많은 시간을 허비할 수는 없었다. 내 이십 대를 뒤돌아보았을 때 대부분의 사람들이 그러하듯 쉴새 없이 공부했었고, 취업 전선에서 뒷자리로 내몰리지 않기 위해 잠을 포기하며 노력했었다. 목표했던 것이 가까워진 것도 있었고, 붙잡고 있고 싶었어도 떠나버린 것들도 있었다. 기뻐하기도 하고 눈물 흘리기도 하면서 보낸 이십 대였다.

누군가는 나에게 말했었다. 그렇게 딱딱하게 살면 나이 들어서 후회할 것이라고. 나이를 먹어가고 있는 지금 뒤돌아봤을 때 후회되는 점은 딱히 없다. 사실 젊음이라는 단어는 유흥, 자유분방함 같은 단어와 어울리는 게 아니다. 모든 것의 시작에 서 있는 그 시절에는 노력, 땀, 외로움 같은 단어들과 더 어울린다. 그만큼 고요하고 힘들게 삶의 밑그림을 그리는 단계이다.

하루하루 살아감에 최선을 다하면서, 자신만의 삶의 궤적을 쌓기 위해 노력하고 있는 당신이라는 것을 알고 있다. 혹시라도 살아내고 있는 시간을 잘 보내고 있는 것인지 불안하다거나, 젊었을 때 놀아야 한다며 간섭하기 좋아하는 사람들이 쉽게 던진 말에 흔들린다면 크게 신경 쓰지 않았으면 좋겠다. 삶의 모양은 자기 자신이 정하는 것이다. 확신이 있다면, 그리고 자기 자신에 대한 애정이 있다면 남의 말은 큰 소용이 없다. 자신만의 확고한 기준점을 흔들리게 해서는 안 된다.

20대 초반의 독자에게 긴 메일을 받은 적이 있다. 꽤 긴 시간 동안 공무원 시험을 위해 공부하고 있는데 젊음을 이렇게 써도 괜찮은 것인지 불안하다는 내용이었다. 누군가에게 공무원을 목표하는 것은 도전정신이 없다는 말을 듣기도 했고, 매체에서는 젊다면 정해진 일보다 새로움을 향해 도전하라는 내용이 넘쳐나고, 일단 다른 회사를 취업하라는 주변의 간섭이 많다고 그랬다. 나는 일부러 시간을 내어서 독자님에게 답장을 보내드렸다. 얼마나 그녀가 지내고 있는 시간이 고귀한지, 노력하고 있는 모든 과정이 소중한지 응원했다. 공무원 시험이라는 것 자체가 도전이라는 것을 잊지 말라고 했다. 어떤 일이든지 용감히 나아가고 있는 자신을 담대하게 믿어주는 게 중요하다.

목표를 향해 나아가는 발걸음을 누구도 쉽게 말할 자격은 없다. 화려한 무언가를 하고, 거창한 것을 이뤄내야만 시간을 잘 쓴 것으로 생각하지 않는다. 침착하게 유의미한 시간을 채워나가고 있는 당신이다. 혼자서 이겨내야 할 과정은 꽤 쓸쓸해서 외로울 수도 있다. 잘하고 있는 게 맞는지 불안함이 섞인 질문이 머릿속을 채우는 때도 있을 것이다. 쉽게 그리고 대충 살아가는 게 차라리 더 괜찮은 것은 아닐지 고민이 드는 순간이 있다. 그럴 때면 당신만이 갖고 있는 스스로와의 약속을 떠올려봤으면 좋겠다. 선택한 일에 대한 가장 큰 믿음을 줄 수 있는 것은 본인 스스로 밖에 없다. 함부로 흔들리지 않게, 남의 가벼운 간섭에 방어할 무거운 자신감을 가져냈으면 좋겠다. 자신의 삶에 최선을 다하기 위해 모든 순간을 누구보다 응원해줘야 한다. 오직 나 자신을 위해서.

"남의 가벼운 간섭에 방어할 무거운 자신감을 가져야 해."

"함부로 흔들리지 않게."

초조함과 느긋함의 사이

о

살아감에 있어서 기준이 되는 속도가 정해져 있다고 생각하던 날이 있었다. 남들이 말하는 느리다와 빠르다는 것에 민감하게 반응했고, 그것에 맞추기 위해서 아등바등했던 시절이 지나고 나서야 알았다. 빠르다는 것도 한때이고, 느리다는 것도 그 순간이라는 간단한 사실을 깨닫고 나서야 나에게 맞는 속도가 무엇인지를 찾아낼 수 있었다.

지금 조금 앞서간다고 해서 앞으로의 모든 시간을 더 빠르게 나아간다는 뜻도 아니었고, 지금 조금 늦었다고 해서 계속해서 뒤처진다는 것도 아니었다. 인생은 생각보다 길고, 예상했던 것보다 금방 지나갔다. 그런 과정 안에서 속도를 말하기엔 너무 찰나의 것이다.

잠깐의 속도에 초조해하지도 말고, 느긋해 하지도 말고, 지금처럼만 그렇게 나아가면 된다. 자기만의 템포가 분명히 존재한다. 누가 어디만큼 갔는지, 나는 어디쯤 있는지에 연연할 필요는 없다. 오래도록 멈추지 않을 속도를 찾는 게 중요하다. 종종걸음보다 조금은 여유로운 차분한 보폭의 발걸음으로.

초조하다 : 애가 타서 마음이 조마조마하다.

느긋하다 : 마음에 흡족하여 여유가 있고 넉넉하다.

취미에 대해서

o

부모님은 내 취미생활을 무한하게 지지해주는 사람이다. 배워보고 싶은 게 있으면 무조건 다 배우게 했었고, 취미생활을 위해 필요한 게 있으면 무엇이든지 사주셨다. 그런 탓에 부모님 집에 가보면 어릴 때부터 성인이 되어서까지 내 취미의 흔적들이 여전히 남아있다. 피아노, 플루트, 장구, 그림 그리는 이젤까지 내방에서 나를 기다리고 있다. 피아노도 10년을 넘게 배웠고, 플루트도 5년, 장구도 5년 가까이 했었다. 그림도 문화센터를 다니면서 고등학교 1학년까지 11년을 그렸었다. 공부만 하기에도 아까운 시간이라고 학업에 집중하라고 했을 법도 한데, 아빠는 취미에 대한 시간 할애를 굉장히 존중해주셨다.

이제는 직업으로 바뀌게 된 일이지만, 글쓰기는 가장 오래되고 무엇보다 좋아하는 내 취미였다. 책을 좋아하는 엄마 아빠를 따라서 책을 읽다 보니 어느 순간부터 내가 글을 쓰고 있었다. 글 쓰는 게 좋아서 초등학생 때부터 백일장 대회나 논술 대회들을 다녔었다. 지방에 살았던 나는 전국대회에 참가하기 위해 서울로 종종 다녔어야 했다. 그럴 때면 아빠는 언제나 차를 몰고 나를 서울로 바래다주셨다. 상을 탈 때도 있었고 타지 못할 때도 있었는데, 수상 여부와 상관없이 부모님과 함께 대회를 다녀온 그 과정이 참 즐거웠었다.

글을 쓰면서 부총리상, 장관상, 시장상, 교육감상 등 참 많은 상을 탔었다. 대회를 나가기 위해 서울을 갔듯, 시상식에서 상을 타기 위해서 서울을 다시 갔었다. 그럴 때면 아빠는 평상시에 매는 채도 낮은 넥타이가 아니라 금색이나 붉은색의 넥타이를 꼭 매곤 했었다. 카메라를 들고는 내가 그곳에 있는 모든 순간을 사진으로 담아주셨었다. 부모님은 늘 해주던 말이 있었다.

"딸아, 네가 행복해하는 모습을 봐서 우리도 행복했어. 우리 딸은 언제나 오늘처럼 행복하면 좋겠어. 지금을 조금 더 여유롭게 살아가다 보면 행복이 스며드는 거야. 더 커서 살아가다 보면, 늘 바쁠 테고 여유는 없을 테지만 그래도 네가 즐기면서 살

수 있는 무언가는 꼭 하면서 살아. 살아남기 위해 하는 일 말고, 네가 좋아서 즐길 수 있는 취미 말이야."

작가가 되면서 취미가 직업이 되었고, 무언가를 새로 배워보겠다는 의지도 사라져서 한동안 취미가 없었다. 엄마는 나에게 앉아서 글만 쓰지 말고 다른 것도 해보라고 늘 권했지만, 의욕이 없었다. 언젠가부터 글 쓰는 게 마냥 행복하지만은 않았고, 연필을 들고 글을 쓰는 시간에 걱정과 긴장이 섞이기 시작했었다.

어렸을 때 부모님 말씀처럼 글 쓰는 것 말고도 취미용으로 다른 것들을 몇 가지 하고 있고, 또 해보려고 한다. 예전에 배웠던 요리 레시피를 떠올려서 하루에 한 가지씩은 만들어낸다. 잡채나 갈비 같은 근사한 요리도 있고, 감자채볶음, 멸치볶음 같은 밑반찬도 있다. 내가 무언가를 해냈다는 그 성취감이 하루에서 꽤 신나는 시간이 된다.

그리고 남편과 같이 핸드폰으로 게임을 시작했다. 수학부터 공감각적인 내용까지 머리를 써야 하는 퀴즈들을 풀어나가는 게임이다. 손이 느려서 핸드폰으로 게임하는 것을 싫어했었는데,

그와 나란히 눕거나 앉아서 하나씩 풀어나가다 보면 하루의 스트레스가 다 지워지는 기분이다.

그리고 조만간에 기타를 하나 사보기로 했다. 피아노도 잘 치고, 기타도 잘 치는 남편이 권유해준 새로운 취미이다. 기타를 한 번도 만져본 적이 없는 나는 남편에게 특훈을 받아야 할 것 같다. 새로운 것을 익히게 될 것이라는 상상만으로도 설레고 기대되는 요즘이다.

왜 엄마 아빠가 나에게 여러 가지 취미들을 늘 하게 했는지 더 느끼고 있다. 학생 때 글을 쓰러 다니는 모든 과정이 행복했듯, 지금도 일상의 사이사이에서 무언가를 하는 과정 자체가 참 즐겁다.

삶이 어딘가 무기력하다거나, 지쳤다는 느낌이 든다면 당신도 새로운 무언가를 시작했으면 좋겠다. 대단한 완성품이나 결과가 없어도 된다. 즐겁기 위한 오롯이 당신만을 위한 취미니까.

애틋하고 소중하게

。

  결과보다 찬란하도록 애틋한 것이 결과를 위해 걸어온 모든 과정이다. 조금 가쁜 호흡으로 열심히 살아냈을 테고, 발자국을 옮길 때마다 드는 두려움을 넘기기 위해 부단히도 노력했을 당신이라는 걸 알고 있다.

  쉬고 싶어도 참았던 순간들과 포기하고 싶어도 이겨내었던 고된 밤들은 다정하게도 당신을 기억하고 있다. 어떠한 결과의 모습이더라도 괜찮다. 온 마음 다해서 나아갔던 당신의 그 순간들이 빛나고 있다.

  어떠한 결과의 모양이더라도 분명한 것은 당신은 참 잘 해왔다는 것이다. 무언가를 시작했고 그 끝에 닿았다는 것은 참 대단한 일이다. 만족스러운 결과여도 다시 걸어갈 날을 감사하게 맞이할 수 있는 따뜻한 겸손함을, 아쉬운 결과라도 다시 시작할 수 있는 용기를 잃지 않았으면 좋겠다. 지금을 만족해버리기에는 당신의 가능성을 다 보여준 게 아니고, 순간을 실망하고 기죽기에는 당신의 내일은 기대되는 게 너무 많다.

너무 쉽게 자신을 책망하지 말고 나아가면 좋겠다. 살아가는 모든 과정은 당신의 것이기에 더 애틋하고 소중하다는 것을 늘 느끼면서.

다시 걸어갈 날을 감사하게 맞이할 수 있는 따뜻한 겸손함을,
다시 시작할 수 있는 용기를.

우리는 자존감을 붙잡으며 살아간다

o

 지금의 초등학교는 다르겠지만, 내가 초등학생이던 시절은 조금은 이상했다. 가정환경조사서를 적어가야 했다. 부모님의 최종 학력과 직업란을 채워오라고 했다. 우리 엄마가 나왔던 대학교와 대학원의 이름과 전공까지 적어갔다. 아빠의 대학교, 대학원, 그리고 회사 이름 직책까지 모두 적어냈다. 선생님은 우리 반에서 돈이 많다고 하는 의사 부모님을 둔 애한테 반장 선거에 나가라고 했었다. 막상 선거에서 내가 표를 제일 많이 받아 당선되자 썩 마음에 들지 않아 보이던 표정을 기억한다.

 나는 방과 후 수업으로 한문과 미술을 선택했었다. 담임 선생님은 나에게 자신이 맡고 있는 가야금을 선택하라고 했다. 그는 방과 후 수업을 핑계로 엄마에게 전화를 걸었다. 공교롭게도 그때가 스승의 날 즈음이었는데, 노골적이지는 않게 엄마에게 스승의 날 선물을 요구한 것으로 기억한다. 담임 선생님의 권유로 엄마는 학부모 학년 대표라는 것을 맡아야 했다. 그 탓에 부모님은 아빠 혼자 버는 직장인 월급으로 스승의 날에 우리 학년 전체 선생님들의 저녁 식사를 계산했다.

그 선생의 이상한 행동은 계속됐다. 초등학생인 애들에게 애정을 주거나, 잘하고 있다는 응원을 해줘야 하는 데 반대였다. 누구에게나 있는 단점들을 꼬집어다가 별명을 만들어 붙였다. 이마가 넓은 여자애한테는 황비홍, 할머니와 단둘이 살아서 잘 씻고 다니지 못한 남자애한테는 만득이 같은 말도 안 되는 별명을 붙였다. 나한테는 치마를 자주 입고 다닌다고 공주병이라고 불렀다. 학교에서 있었던 일을 하나부터 열까지 다 부모님께 말하곤 했는데, 이런 별명에 대해서는 속상하다고 털어놓았었다. 아빠가 교육청에 전화를 하고 일단락된 일이었다. 작은 해프닝이었다고 그 선생은 말했다고 하는데, 그때의 어렸던 내가 들었던 몇 마디가 지금도 문득 떠오른다. 나쁜 말들은 참 이상하게도 오래 아픈 것 같다.

말은 힘을 갖고 있어서 조심하고 또 조심해야 하는데, 그 사람은 우리들에게 함부로 말을 사용했다. 공주병이라는 단어가 싫어서 그 후부터는 일부러 머리도 단발로 자르고, 엄마에게 바지만 사달라고 했었다. 고등학교 3학년까지 짧은 머리를 유지하면서 지냈었다. 어렸던 나는 쓸데없는 말을 다 담아두고 살아가는 것밖에 하지 못했다.

언제라도 우리는 누군가의 수준 낮은 말에 마음 쓰지 않아야 한다. 누구라고 해도 당신에게 장난이라는 핑계로, 솔직하다는 이유로 무례한 말을 던진다면 그것은 참을 일이 아니다. 몇 개의 단어들이 묶어진 말들 때문에 누군가는 상처받고 아파할지 모른다. 단어들이 날이 서 있을 수도 있고, 둥글지 않고 모난 형태라서 오래 기억에 남는 법이다. 방어할 스 있는 당신만의 단단한 벽을 만들어야 한다. 간신히 올려놓은 자존감이 몇 마디 말이라는 돌멩이 때문에 무너지지 않게, 당신을 지킬 수 있는 무언가가 필요하다. 무례한 말이 들리면 상대에게 그것은 잘못되었다고 말할 수 있는 용기라던가, 장난으로 넘기려고 하는 사람에게 사과할 부분은 사과하라고 짚고 넘어갈 수 있는 의연함을 준비했으면 좋겠다.

나 자신을 지켜줄 수 있는 것은 당연하게도 나 스스로밖에 없다. 아무리 가까운 사람이라 하더라도 나의 깊은 내면을 돌봐주기는 어려운 법이다. 쉽게 상처받는다고 하더라도 조금이라도 빨리 회복할 수 있게끔 당신을 도와줄 사람은 당신 자신이라는 것을 잊어서는 안 된다.

우리는 하루에도 몇 번씩 무너져내릴 것 같은 내 자존감을 붙잡으며 살아간다. 스스로에게 건네는 괜찮다는 몇 마디와, 나는 나 자체로 귀한 존재라는 것을 다잡으며 견뎌낸다. 그게 얼마나 힘든 일이라는 걸 누구보다 더 잘 알고 있다. 그런데도 포기하지 말기를. 악착같이 버텨내서 더 단단한 자신을 만들기를 응원하고 있겠다.

내가 나의 삶에

o

　날이 유난히 추웠던 어느 날, 나의 삶을 되돌아봤었다. 내 삶이 졸렬한 건 아니었는지, 내가 나를 아껴주는 일에 최선을 다했었는지 생각했던 적이 있었다. 마음속에서 하고 싶은 일이 있다고 소리쳐도 세상의 기준에서 별로라고 하는 것은 은근히 무시하고 행하지 않았던 적이 있었던 게 떠올랐다 누군가가 나를 은근히 깎아내리는 말을 해도, 나 자신에게 그냥 참으라고 했던 적도 여러 번이었다.

　적극적으로 나를 챙겨주고 아껴주며 살아가겠다고 다짐했었는데, 그것은 늘 어려운 일이라는 걸 실감했다. 최선을 다해서 자신에게 다정한 사람이 되고 싶어도, 더 잘하고 싶은 욕심에 다정함은 쉽게 사라지고 자책만 늘어나는 것을 느꼈다.

스스로에게 좋은 사람이 되는 것은 생각보다 어려운 일이다. 자신을 이해해줄 수 있는 폭도 좁아지고, 바라는 것은 자꾸 커지기 마련이다. 어느 정도 조절하면서 과하지 않으면 좋으련만, 더 각박해지는 것을 알면서도 쉽게 고치지 못한다.

자신에게 물어보게 된다. 내가 나에게 했었던 행동들이 마음을 상하게 한 것은 없느냐고. 지금의 나를 잘 돌보고 있는 것이 맞느냐고.

좋은 일이 생길 거야.

o

 시작이라는 것은 언제라도 긴장되고 설레기 마련이다. 새로움에 쉽게 익숙해지는 것이란 어려운 일이고, 하그자 하는 일에 능숙해지는 것 또한 많은 노력이 필요하다는 것을 잘 알기 때문이다.

 한 해의 초입부를 훌쩍 지나고, 다시금 계절이 바뀔 때면 문득 찾아오는 오묘한 감정이 있다. 무엇이라도 새롭게 시작될 것 같은 기분 좋은 두근거림과 혹시라도 넘어질지 모른다는 걱정이 섞여지곤 한다.

 어떤 일이라도 처음부터 다 잘하기란 어려운 것이다. 넘어지는 일이 생길 수도 있고, 예상과는 다른 방향으로 흘러갈 수도 있다. 과정이 조금은 고단하더라도 나는 당신이 결국은 잘 해낼 것이라고 믿는다. 잠시 주춤했다고 해서 절대 자신에게 화를 내거나 그동안의 노력을 무시해서는 안 된다.

설렘으로 가득한 출발하던 날에 짓는 미소처럼 목표의 어디쯤에서도 그렇게 미소 어린 표정으로 있을 것이다. 언제나 잘해오던 당신이었으니까.

"좋은 일이 생길 거야."

우리가 멈추지 않는 이유

o

기대했던 만큼 실망했던 일이 많아서 일부러 기대하지 않으려고 노력한다. 잘 될 거라는 희망이 나중에는 해도 안 된다는 절망으로 되돌아오는 날도 있었다. 기대에 비례해서 커지는 실망감은 유난히 사람을 아프게 만든다.

크고 작은 실망이 반복되었다 하더라도 우리는 기특하게도 쉽게 포기하지는 않는다. 실망했다는 것은 모든 것이 다 끝날만큼 무너졌다는 것은 아니다.

소란스럽지 않게 흘러가는 강물이 수없이 많은 장애물에 부딪히게 된다. 바다로 향하는 과정이 편안하지만은 같다는 것을 알면서도 멈추지는 않는다. 기대했던 것보다 물살이 느리더라도,

어딘가가 가로막혀있어서 잠시 멈칫거리게 되더라도 포기하지 않는다. 그렇게 결국은 바다로 도착하는 법이다.

생각했던 만큼 이뤄지지 않은 일이 있더라도 그것 때문에 크게 낙담하지는 않았으면 좋겠다. 하나의 과정 안에서 잠시 주춤했을 뿐이지 아주 넘어진 것은 아니니까.

그럴싸함 대신에

о

  과거의 나는 그럴싸한 글을 쓰고 싶은 사람이었다. 어떤 책이나 이론에서 그럴싸하다는 기준이 정해진 것은 아니지만, 내 기준의 그럴싸함이라는 단어가 갖는 의미가 있었다. 조금 있어 보이는 무거운 주제를 논하고 싶었고, 어려운 단어를 종종 섞어서 써야 하고, 문장에도 날카로운 무게감이 있어야 한다는 생각을 했었다. 작가 준비를 하면서 썼던 글들을 읽어보면 그래서 그런지 부끄러운 글들이 많다. 정치나 철학적인 주제들을 가져다가 최대한 아는 게 많은 척을 하면서 썼던 글이 여러 개다. 일부러 단어 사이에 한자를 섞어 쓰기도 했었다.

  혼자 쓰는 글인데도 불구하고 그때의 나는 누군가에게 보여줬을 때 멋있어 보여야 한다는 유치한 생각을 가졌었다. 읽는 사람이 이해되는 것인지, 부드럽게 읽혀서 마음속까지 잘 전달이 되는지는 생각하지 못한 행동이었다. 내 책이 나오지 못했고, 작가로서의 데뷔가 늦어졌다는 조급함과 자격지심이 만들어낸 부족함이 담긴 글들인 것이다.

언젠가부터는 그런 글들을 쓰지 않았다. 사람은 왜 죽는 것인가 같은 철학적인 질문에 대한 답변 같은 것은 혼자 일기장에 끄적이고 만다. 가장 편안하고 보통의 글이 누구에게나 잘 전달될 수 있는 글이라는 생각을 갖게 되었다. 특별한 계기가 있었던 것도 아니고, 변화하려고 노력한 것은 아니다. 누군가에게 잘 보이려고 쓰지 않고, 그저 내 글이 읽힌다는 것 자체에 감사함을 느끼며 쓰기 시작했을 뿐이다.

타인과 나를 비교할 때 파생되는 감정은 자신에게 독이 되는 경우가 많다. 남보다 내가 부족한 점이 있다는 것을 인지했으면 그것을 나아지게 만들기 위해 노력하면 되는데, 괜히 생겨나는 자격지심이 문제이다. 더 잘해야 한다는 것 때문에 하지 않아도 좋을 것을 선택하고, 누군가에게 인정받아야 한다는 생각 때문에 필요 없는 것을 행동하게 된다.

내가 할 수 있는 일이 있다는 것 자체로 고마움을 느끼며 글을 썼듯이, 제법 부지런히 살아가고 있다는 것 자체로 감사함을 느끼며 살아간다. 누군가와 비교할 필요도 없고, 내가 잘났고 누가 못났는지 따지는 가치 없는 경쟁도 무의미하다는 걸 안다. 있어 보이지 않아도 되고, 예뻐 보여야 하는 것도 중요하지가 않다. 있는 그대로 편안하게 살아가는 모습 자체도 훌륭하다는 걸 느낀다.

화려하지 않아서 단조롭기 때문에 갖게 되는 특유의 온화한 분위기가 있다. 그런 삶이 나는 참 멋있는 것 같다. 타인의 시선 같은 것에는 신경 쓰지 말고 단단하게 오직 나의 삶에만 집중하면서.

우리는 매일 성장하고 있으니까

o

 중견기업의 대표님이 나에게 스피치 수업을 신청했었다. 중소기업과 대기업의 사이에 위치한 제법 큰 회계회사를 운영하고 있다고 본인을 소개했다. 정갈한 머리와 정돈된 옷차림, 40대 후반이라는 나이인데도 불구하고 나를 향해 예의를 지키기 위한 노력이 그를 더 좋은 리더로 보이게 했다.

 여러 차례의 수업을 하면서 단 한 번도 돈에 대한 자랑이나, 능력에 대한 허풍 같은 것은 없었다. 조금은 피곤한 수강생이 되지는 않을까 우려했던 내 걱정이 무색했다. 그는 수업 때마다 자신이 정해온 주제로 원고를 작성했고, 그것을 내 앞에서 조금은 긴장된 목소리로 발표했다. 나에게 부탁한 것은 더 보완해나가야 할 점들을 세세하게 찾아달라고 했다. 호흡이 부족해서 끝이 떨리는 목소리, 탁성이 섞이게끔 성대를 조여서 발성하는 자세, 긴장할 때면 눈을 여러 번 깜박이는 태도 같은 세부적인 모든 부분을 찾아서 그에게 말해주었다. 내가 하는 말 대부분은 그가 놓치지 않고 자신의 수첩에 적어두었다. 하나씩 짚어주고, 그에 따른 교정 방법을 알려주면 다음 수업 때에는 달라진 모습으로 나타났다.

그는 나에게 보여주고 싶었다며 나이를 주제로 스피치를 준비했었다.

"저는 내년이면 '지천명'이라 불리는 50세가 됩니다. 하늘의 명을 깨닫는 나이라고 하는데, 사실 그건 모르겠습니다. 아직도 나는 하고 싶은 것이 많고, 해야 할 것이 많은 청년일 뿐입니다. 여전히 소녀 같은 부인과 같이 하고 싶은 것도 많고, 내 목숨 같은 딸들에게 해주고 싶은 것도 많습니다. 제가 깨달은 하늘의 명이라면 아마 끊임없이 최선을 다해서 살라는 말인 것 같습니다. 매일매일 인생을 배우면서 살아가고 있습니다. 좋은 남편이자, 좋은 아빠, 건실한 남자가 되기 위해 여전히 노력하고 발전하고 있는 중입니다."

그의 원고와 목소리 모두 온건함이 들어있었다. 사실 나에게

50이라는 나이는 성숙, 완성, 성취 같은 단어들이 떠올랐었다. 생의 절반밖에 오지 않은 나이라고 하더라도, 대부분의 삶에서는 은퇴를 계획해야 하는 시기라고 말한다. 인생 2막을 준비한다고 표현하는 것을 많이 들었었다. 스피치가 끝난 후 그와의 대화를 통해서 인생에 대해 많은 생각을 할 수 있었다. 1막, 2막 이렇게 나눠서 생각할 필요는 없었다. 그저 꾸준하게 우리는 나이 들어가는 과정에서 계속 무언가 시작하고, 이뤄내면서 단단하게 만들어지는 게 삶이었다.

인생은 연속되는 것이고 더 깊어지는 과정이다. 삶이라는 시간 안에서 최선을 다해 살아내는 모든 순간이 다 소중함이 되는 것이었다. 몇 살 즈음까지 어떤 것을 할 것이고, 나머지 생은 노후 준비로 마련한 돈을 아끼면서 살아야지, 라고 생각했었던 나 자신이 조금은 안일하게 보였다. 아직은 청년이라는 수강생의 말이 귓가에 맴돌았다. 나는 나의 청춘을 너무 급히 한정 짓고 있었던 것은 아닌지 생각했다. 준비하는 이십 대, 시작하는 삼십 대, 깊어지는 사십 대, 완숙해지는 오십 대, 마무리하는 육십 대, 그리고 나머지의 생이라는 정의는 너무 편협한 말이었다. 모든 나이대의 앞에는 '나아가는'이라는 수식어가 더 알맞다. 어느 나이라도 우리는 나아간다. 오늘이라는 시간에 충실하고 내일이라는 작은 목표를 향해서 끊임없이 다음 발걸음을 재촉한다.

아마 우리는 지금도 무언가 더 달라졌으며 어제보다 나아졌을 것이다. 그게 성장이고, 우리는 매일 성장하고 있으니까.

인생은 연속되는 것이고 더 깊어지는 과정이다.

삶이라는 시간 안에서 그저 최선을 다해 살아내는 모든 순간이 다 소중함이 되는 것이다.

뿌리 깊은 나무

o

 주변이 조용할 때, 역설적으로 속은 시끄러워지는 경우가 많다. 잔잔한 음악 소리와 대조될 정도로 머리 안에서는 여러 가지 생각들이 불쑥불쑥 나타나서 마음을 어지럽히곤 한다. 생각이라는 것은 내 자의적으로 움직이는 법이 거의 없어서, 그 크기를 확장해 나가거나 여기저기를 들쑤시는 것을 막기란 더욱더 어려운 일이다.

 이십 대에 자취를 시작했을 때, 오피스텔에서 혼자 참 많은 고민과 생각들을 했었다. 지방이 고향인 나는 대학교에 다니기 위해 서울에서 지내야 했다. 부모님이 주시는 비싼 오피스텔 월세를 내면서 공부는 하고 있는데, 앞으로 무엇을 할 수 있을지 모든 것이 불확실하기만 한 것 같았다. 내가 선택한 전공을 공부하게 되면 졸업하고 나서 무엇을 해야 할 것인지, 내가 원하는 곳에 취업할 수 있을 것인지, 공채 조건이 변경되는 것은 아닌지, 회사에 들어가고 나서 나는 잘 적응을 할 수 있는 것인지까지 고민했다. 좁은 방 안에서 22살의 학생인 나는 몇 년 후의 미래까지 끌어다가 걱정을 하는 데에 열정을 바치곤 했었다. 분명 내 방안은 참 조용했는데, 그 당시의 나의 속은 하루하루가 시끄러웠다.

그때의 나는 부정적인 걱정이 섞인 생각을 하는 것을 미래에 대한 그럴듯한 대비로 착각했었다. '이건 이래서 하면 안 될 거야.' '그건 저래서 어려울 거야.' 미리 안 될 거라고 벽을 만드는 어리석은 생각을 가졌었다. 생각보다 부정적인 점을 찾기는 쉽고, 고민한다는 이유로 많은 시간을 써버리곤 했었다. 막상 다 지나와보니 그 시간 안에서 혼자서 애썼던 고민과 불평들이 도움 되지는 않았다.

걷다가 달려보기도 하고, 넘어져서 다쳐보기도 하고, 절뚝거리는 다리로도 걸어와 보면서 느꼈다. 머리에 문득 떠오르는 복잡한 생각들은 사실 자신에 대한 가능성을 약하게 만든다는 것을. 그 생각들에게 잠식당하지 않도록 단단한 자기만의 뿌리가 필요하다. 어떠한 불안감에도 다시금 제자리로 돌아올 수 있는 자기에 대한 믿음 같은 것 말이다.

나무가 흔들리는 바람에 몸을 맡기는 것은 쉽게 흔들리는 존재라서가 아니다. 언젠가 바람은 그친다는 것을 알고, 아무리 흔들려도 자신의 뿌리는 깊이 단단히 자리하고 있다는 것을 알기 때문이다. 누구에게나 흔들리고 힘들어지는 시기는 온다. 그러나 자신을 믿으면 된다. 누구보다 크고 깊은 뿌리를 가진 당신 자신을.

"막상 다 지나와보니 혼자서 애썼던 고민과 불평들이
내 생에 도움 되지는 않았다."

모든 사람의 말에 다 귀 기울일 필요는 없어

o

 최근 들어서 친구나 후배들이 취업이나 창업 같은 경제적인 활동의 어려움에 대해 고민하는 경우가 많아졌다. 세상의 변화는 역동적이라는 뜻일 것이고, 불안정하다는 사실이 더 크게 느껴졌다. 친한 친구이기 때문에 혹은 오래 알고 지내온 선배이기 때문에 나에게 조언을 구하는 상황도 많이 만나게 된다. 그럴 때마다 나는 한 단어, 하나의 문장을 만들어내는 것조차 조심스러워진다.

 나도 참 많은 조언을 들어왔지만, 진정으로 나에게 큰 도움이 되었던 조언은 손에 꼽힌다. 내가 오래 마음에 담아두고 아껴놓는 말은 상대가 조언을 목적으로 긴 연설 비슷한 것을 한 것은 아니었다. 스치듯 해주었던 나를 위한 진심이 담긴 몇 마디가 참 따뜻해서 그 말들을 소중히도 보관했던 것 같다. 염려하는 마음의 쓴소리라 하더라도 그 안에 담긴 애정이 보여서 깊게 새겨들었던 문장들이었다. 그런 중요한 말을 내가 쉽게 꺼내도 되는 것인지 고민되는 마음에 누군가가 부탁한 조언에 쉽게 답하지 못한다.

나이가 잘 들어간다는 것은 살아본 시간이 많다는 이유로 자신의 생각이 옳다고 아집을 부리지 않는 거라고 생각한다. 나는 썩 괜찮게 나이가 들어가고 싶어서 내가 선택했던 것만이 옳았다거나, 이것은 나쁘고 다른 것은 좋다는 이분법적인 논리는 피하고 싶다. 내가 해봤고, 해냈으니 너도 노력하면 된다는 주장도 좋아하지 않는다. 시시각각 바뀌는 세상에서 지나가 버린 내 경험은 이미 과거형일 뿐이다. 분명히 달라졌을 테고, 바뀐 모습을 전부 다 알지 못하기 때문에 쉽게 판단을 내리는 것은 무리일 것이다. 나 때는 이랬었다는 말이 우스갯소리로 풍자되는 것도 이 때문이다. 이미 지나버린 경험이 정답이 될 거라는 생각은 참 위험한 사고이다.

같은 과목을 전공한 동기가 어느 날 물었던 적이 있었다. 현재 다니고 있는 회사를 그만두고 학원 강사로 일하고 싶다고 그랬다. 퇴사를 할지 말지 나에게 조언을 부탁했다. 대기업 인턴을 마치고 정규직 전환 권유가 왔을 때 나는 거절을 했다. 그러고 나서 내가 일했던 곳은 제법 큰 규모의 토익 학원이었다. 동기가 물어보고 있는 비슷한 상황을 미리 겪어봤던 나는 그녀에게 퇴사 여부를 가지고 대답하지 않았다. 내가 큰 회사를 포기하면서 잃었던 것들과 얻었던 것들을 설명하고, 학원 강사 일을 하면서 느꼈던 장점과 단점을 모두 알려주었다.

학원 강사는 내가 잘하고 좋아하는 과목을 늘 가까이 할 수 있고, 학생들과 함께할 수 있어서 보람이 있는 직업이다. 노력한 만큼 실질적인 월급이 올라가는 속도가 빠른 분야라서 나이에 비해서 괜찮은 급여를 받을 수도 있다. 대신 아무리 배경을 안 본다고 하여도 대기업 명함을 내밀면 달라지는 사람들의 시선을 갖지 못하게 되고, 그 명함이 없으면 내가 열심히 노력하며 살아왔다고 하여도 인정해주지 않는 사람들이 더 많았다는 경험을 말했다. 일반적인 회사의 사무직과 같았지만 다른 점도 많았다. 자신의 부서에서 자기 관련 직무만 해내던 되는 대기업의 업무 구조와는 달리, 학원 강사는 중소기업의 업무 구조처럼 자기 수업 연구 말고도 다른 일을 병행하는 순간도 있다. 내가 경험했고 알고 있는 선에서 모든 것을 설명했다. 그리고 내 조언은 딱히 없다고 말했다. 나는 네가 어떤 결정을 내려도 어디서나 잘할 것 같다는 응원만 남겼다. 내 이야기를 고심해서 듣던 그녀는 도움이 됐다고 고맙다는 대답을 했다. 도움이 되었으면 그것으로 무척 다행이었다.

 조언이 참견이 되지 않아야 한다. 삶에서 크게 선택해야 하는 순간마다 괜히 타인의 말 한마디가 거슬리곤 한다. 작은 생선 가시가 목에 걸리게 되면 침 하나 삼키는 것도 불편하듯이, 그런 불편한 참견이 있다. 이렇게 해라, 저렇게 해라, 누구는 어떻게 했는데 좋다더라 이런 말들이 당신을 괴롭힐지도 모른다. 아무리 많은 말들이 밀려와도, 결국 스스로가 살아가게 될 인생이라는 걸 잊어서는 안 된다.

 유감스럽지만 가족이나 자신보다 본인을 위해서 걱정해줄 사람은 아주 드물다. 대부분의 주위 사람들에게는 잠깐 생각해보는 가벼운 이야깃거리에 지나지 않을 확률이 더 높다. 마치 답을 알고 있다는 듯이 당신에게 자신만의 지침을 주장하는 사람이 있다면 조금은 멀어져도 좋다.

가볍게 던진 참견에 무엇보다 소중한 당신의 삶이 흔들리지 않으면 좋겠다. 누군가의 말은 남의 말일 뿐이다. 모든 사람의 말에 다 귀 기울일 필요는 없다. 적당히 필요한 말과 필요하지 않은 말을 구별하는 것만큼 중요한 것은 없다. 당신의 뚜렷한 마음이 가고 싶은 그곳이 분명히 당신의 길이 될 것이다.

"모든 사람의 말에 다 귀 기울일 필요는 없어."

밝음과 어두움의 경계선

o

 수채화를 배웠을 때 가장 중요했던 것은 빛의 방향이 어디인지 먼저 인지해야 했다. 어떤 곳에서 빛이 오는지를 알아야, 어느 곳에 그림자가 생기는 곳인지 파악할 수 있었다. 간단한 정물화를 그릴 때도 그랬고, 풍경화를 그릴 때도 그랬다. 밝음이 있으면 당연히 어둠이 있다는 사실을 새삼 깨달으며 그림을 그렸었다.

 빛을 좇는다고 해서 빛이 비춰주는 것이 아니고, 그림자를 피한다고 해서 그늘이 지는 것을 막을 수 있는 것은 아니다. 지금 구름에 가려진 그늘에서 먹먹한 날을 보내고 있다면 그것은 당신의 탓이 아니다. 계절에 따라, 시간에 따라 태양의 높이가 달라지듯 당신을 향한 빛이 따스하게 감싸 안아줄 때가 올 것이다.

시간이 야속할지라도

o

계절의 색이 짙어짐이 문득 느껴지는 때가 온다. 벌써 이만큼이나 시간이 흘렀구나 싶어서 괜스레 쓸쓸해지는 순간이 있다. 이렇게 달라질 동안 나는 무엇을 했는지, 내가 걸어온 거리는 얼마만큼인지 유난스럽게 냉정하도록 따지는 날은 참 마음이 퍽퍽하다.

위로의 한 마디가 나 자신에게는 왜 그리도 어려운지 모르겠다. 차라리 그때 그렇게 할걸, 이렇게 하지 말 걸 하는 후회들만 떠오르는 밤이 있다. 이미 지나온 일이니 어떻게 할 수가 없다는 포기의 심정으로 겨우 후회를 접고서 잠자리에 들기도 한다. 사실 그게 그렇게까지 잘못한 일도 아니고, 잠에 못 들 정도로 후회할 일이 아닐 텐데도 말이다.

조금 흠이 난 순간이 있다고 해서 그 순간을 완전히 지워버리겠다고 애쓰지 않아도 된다. 결국은 괜찮아질 일이고, 이미 잘 지나온 일이다. 지우고 싶어도 지워지지 않는 게 기억이다. 그저 흐려질 때까지 잘 기다려줄 때이다.

"시간이 야속할지라도."

당신이 만들어 낸
큰 가치

o

  사촌 언니는 사업을 하면서 아이들을 키우는 워킹 맘이다. 내가 멀리서 봤을 때는 일하면서 아이도 키워내는 지 너무 어려운 일인 것 같은데, 그녀는 항상 씩씩하다. 내가 전화를 걸면 나보다 더 웃음이 많고, 항상 즐거움을 말한다. 애들을 돌보느라 하루가 짧다고 말하는 그녀를 보면서, 내가 조금 바빠서 힘들다고 느껴지는 것은 아무것도 아니라는 것을 느꼈다.

  언니가 나에게 힘들다는 푸념한 것을 들어본 적이 없어서, 그녀에게 안 힘든 건지 아니면 괜찮은 척을 하는 것인지 물어봤었다. 그녀는 내 질문이 끝나고 1초도 지나지 않아서 당연히 힘들다는 답을 했다. 아무리 형부가 같이한다고 해도 아들 둘을 키우는 일부터가 매일 전쟁 같고, 사무실에 나가면 생각대로 되지 않은 일들이 여기저기서 터지고, 수습하다 보면 일주일이 금방 흘러있다고 말했다. 애들 깨워서 씻기고 밥 먹이고, 학교 보내고, 유치원 보내고, 일하고, 돌아와서 다시 애들 밥 먹이고, 씻기고, 잠재우는 게 그녀의 일과였다.

"매일이 똑같아. 어떤 날은 눈을 떴는데 하나도 즐겁지가 않은 순간도 있었어. 또 어제 같은 하루를 보내야 하잖아. 내가 둘째를 낳고 산후 우울증이 왔을 정도였어."

그녀의 말에 나는 조금 놀랐다. 언니는 자신이 어떻게 그 상황을 버텨냈는지 알려줬다. 그녀는 아이를 낳고 얼굴 곳곳에 올라온 기미와, 늘어진 뱃살 때문에 우는 것을 멈추고 건강해지는 것을 목표로 조금씩 운동을 시작했다. 출산 전에 입었던 옷들을 갖고서 자꾸 꺼내 입어보고 왜 이렇게 되었는지 푸념하지 않으려고, 출산 전에 입은 옷들은 과감하게 버렸다. 포기할 것은 포기하고 자신이 지금 할 수 있고, 해야 하는 일에 집중했다. 하루가 다르게 자라나는 아이를 건강하게 키웠고, 불안정한 사업을 안정적으로 만들고 있고, 남편과 함께 가정을 잘 돌보고 있는 자신을 꽤 멋지다고 스스로에게 칭찬해주었다. 그러면서 언니에게 변화가 생긴 것이다. 살이 조금 붙어서 자신의 달라진 모습도 괜찮다고 생각하게 되고, 바쁜 하루여도 아이를 키울 수 있어서 일상이 좋아졌다고 그랬다.

누구나 하루가 힘들다. 즐거운 일은 너무 작고, 견뎌내야 하는 일은 많아서 지치게 된다. 아이를 키우는 일도, 회사에 나가서 일하는 것도 어느 것 하나도 녹녹한 것이 아니다. 지쳐있는 마음을 잘못 추스르면 덜컥 우울감이 찾아오기도 하고, 오늘 어떤 일은 잘했는지 찾아보다가 특별히 잘했던 것은 없었던 것 같아서 후회하기도 한다. 막상 살펴보면 기특하다고 자기에게 칭찬해줄 일이 꽤 많을 텐데도 모르고 넘어가는 경우가 많아서 그럴 것이다. 아침에 더 누워있고 싶은 마음을 접고 잘 일어났다는 것만으로도, 출퇴근길에 힘들어 보이는 어르신에게 자리를 양보했다는 것만으로도 얼마나 크게 잘한 일인지 알았으면 좋겠다.

살아내는 것만으로도 어려운 일이고, 하루하루 버텨냈다는 일만으로도 잘했다는 응원을 받기에 충분하다. 바쁘게 살다 보면 하루가 지나고 또 하루가 흘러있다. 지나온 시간은 당신이 만들어낸 큰 가치라는 것을 느낄 순간이다.

"이 책을 손에 쥐고 있는 지금, 이 순간에도."

사라지고 나서야 알게 되는 것들

°

 무탈하게 하루가 지나가기를 바라는 날이 많아졌다. 카페에 가서 글을 쓰는 것도, 남편과 어디든 편하게 마스크를 쓰지 않고 데이트를 하는 것도 이제는 어려운 일이 되어버렸다.

 코로나바이러스 때문에 집에만 있어야 하는 날이 많지만, 나름대로 집에서 하루를 충실하게 보내기 위해 노력한다. 얼마 전에는 남편이 사 온 탭볼이라는 운동기구를 시작했다. 머리띠 같은 것을 머리에 쓰면 그곳에 고무줄로 이어진 공이 매달려 있다. 그것을 복싱하듯이 통통 튀기면서 운동하는 것이다. 물론 나는 몸치라서 그 공을 때리는 자세가 우스꽝스럽다. 내가 공을 때리지 못하고 허우적거리면 나도 웃고 남편도 웃는다. 그것 하나로도 꽤 즐거운 저녁 운동 시간이 된다.

그래도 지난 일상이 그리운 것은 어쩔 수가 없다. 어설프게 남편 옆에서 기구를 들었던 헬스장도 가고 싶고, 분위기 좋은 카페에 가서 둘이서 달콤한 케이크도 먹고 오고 싶다. 그때는 알지 못했던 감사함과 소중함을 새삼 느끼는 중이다.

잠들기 전에 침대에서 남편에게 전처럼 대형 마트에 가서 신나게 시식도 하고 장을 보고 싶다고 말했다. 남편은 나중에 코로나바이러스가 괜찮아지면 꼭 가자고 하면서 답했다.

"그때는 몰랐어도 지금 생각해보니까 되게 즐거웠지? 지금 당신이 보내고 있는 하루하루가 그런 시간이야. 오늘을 충실하게 잘 보내자 우리. 하루하루가 얼마나 소중한지 이제는 더 잘 알잖아."

사라지고 나서야 알았던 평범한 일상의 감사함을 이제는 놓치지 않으려 한다. 평범해서 더없이 소중한 우리의 날들이니까.

4장

사랑의 과정

우리는 사랑을 하는 매 순간에 자신이 할 수 있는 최선을 다하고, 지치기도 하고, 서로의 존재에 감사하기도 하고, 행복해하면서 사랑의 과정을 보낸다. 아무도 저마다의 사랑을 쉽게 판단할 수 없고, 이별에 대해서 가볍게 말할 수도 없다. 누구도 무엇이 옳고 그름에 정의 내릴 자격도 없다. 당신의 사랑이 행복하다면 그리고 행복했다면 그걸로 충분하다.

○

추억이라는 것 때문에 놔주어야 마땅한 사람들을 놓아주는 것을 주저하지 않았으면 좋겠다.

"때로는 추억이 우리에게 짐이 되기도 하기에."

이별과 이별할 수 있을까

ㅇ

잔상처럼 남아있는 지난 기억 때문에 당신이 아파하고 있을까 걱정이다. 왜 지난 추억은 더 또렷해지고 아쉬움은 짙어지는 것인지 모르겠다. 언젠가 괜찮아지기를 하염없이 기다릴 수밖에 없는 수많은 밤이 있을 것이다. 그 시간 동안 당신이 많이 슬프지는 않았으면 좋겠다.

사람이 사람에게 설렘으로 물들었던 행복이, 인연이 다해버린 순간에는 아픔으로 찾아오는 법이다. 누군가에게는 눈물로, 어떤 이에게는 미련으로 맺히게 된다. 그리움으로 얼룩진 날에 대답 없는 이에게 물어본다. 정말로 이별과 이별할 수 있는 것이냐고.

메마른 이별

o

 자연스럽게 사랑에 빠졌듯, 이별 또한 자연스러워서 그게 참 서글프다. 그 사람의 말간 웃음이 어느새 일상으로 스며들었고, 따뜻한 음색이 담긴 전화 통화가 아주 당연한 일이 되었던 게 무색해진다. 귀찮아하는 표정을 보는 날이 잦아지고, 부드러운 대화는 사라진다. 연애의 순서가 그러하다는 듯 서로에게 소홀해지는 모습을 느끼면서도, 누구 하나 먼저 손을 다시 내밀지는 않는다.

 한 사람이 상대를 밀어낸 것인지, 둘 다 서로에게서 멀어진 것인지는 알 수는 없다. 확실한 것은 사랑하는 사이라는 단어가 그저 단어로만 존재하게 된다. 서로에게 바라는 것도 없고, 이해라는 말보다는 그러려니 넘겨버리는 포기라는 단어를 먼저 떠올린다.

헤어짐이 가까워진 커플은 몇 번의 억지스러운 데이트를 한다. 그 시간 동안에 둘은 아마 이별을 인지하고 받아들일 준비를 했던 것일지도 모르겠다. 우리의 사랑은 여기까지라는 것을 실감하며, 끝이 어디인지 절취선을 만들어내는 마지막 과정이었다.

이별을 대비하고 인정하고 혼자서 서로에 대한 감정을 먼저 정리해야 했던 시간이 참 먹먹했을 것이다. 잘 지내라는 인사를 덤덤하게 주고받는, 메마른 이별은 그래서 더 슬픈 법이다.

연애할 때
이별을 두려워하지 마

o

　책 '모든 사람에게 좋은 사람일 필요는 없어'가 출간된 후부터 많은 독자님의 고민 사연들이 메일로 왔었다. 나는 그 메일들을 읽고 틈틈이 상담해드리곤 했다. 다양한 연령층의 독자님들의 사는 이야기들을 읽고, 그 어려움을 같이 고민하는 시간이 나에게도 소중한 하루 일과 중 하나이다. 수많은 고민들을 주제별로 분류해보자면 가족, 진로, 연애, 친구, 학업 등으로 나눠진다. 연애에 대한 고민 중에서는 애인이 잘못된 행동을 했는데, 헤어져야 하는지 용서해야 하는지 물어보는 내용이 가장 많았다. 사랑하고 있는 사람과 남이 되고 싶지 않은 간절한 마음은 알지만, 헤어지기 싫다는 이유로 본인을 힘들게 하는 것은 잘못될 선택인 것 같았다.

헤어져야만 하는 운명 같은 것은 없지만, 유감스럽게도 헤어지게 되는 사람은 분명히 존재하는 법이다. 한 명이 아무리 노력한다고 하여도 이별에 가까워지는 것을 막기는 어려운 일이다. 애인이 다른 이성과 연락을 하는 것 같은데, 이러다가 헤어지게 되면 어떡하죠? 애인이 술 마시면 연락이 안 되는 일로 몇 번 싸웠는데, 또 그러면 어쩌죠? 애인이 저 몰래 이성과 어울려서 술 마시고 놀았다는 사실을 알았어요, 어떻게 하면 좋을까요? 이런 질문들의 답은 사실 답변해주는 상담자의 역할인 나보다, 질문을 한 사람이 더 잘 알고 있다. 어떻게 해야 하냐고 고민할 게 아니라 다시는 만나지 말아야 한다는 것을. 슬프지만 이별이 두려워서 헤어질 마음이 없는 한쪽은, 결국 참는 것 말고는 선택할 게 없다. 그렇게 힘들게 참았어도, 깨진 믿음을 억지로 얼기설기 붙여놓은 관계를 유지하는 것은 아주 잠깐일 뿐이다.

고민 상담을 할 때 꼭 지키려고 하는 선 하나는, 내가 하는 말이 절대 정답이 될 수 없다는 것을 먼저 알려드리는 일이다. 단지 참조만 하셨으면 하는 마음으로 답장을 적는데도, 착잡해지는 기분이 드는 사연들이 있다. 자신의 애인이 잘못된 행동을 한 사람이라는 것을 아는데도 불구하고 그 관계를 유지하고 싶어 하는 마음이 느껴지기 때문이다.

　냉정하게 들릴지는 몰라도 사실 소중하지 않은 인연은 생각보다 많다. 지금이야 당장 헤어지면 큰일이 날 것 같고, 살 수 없을 만큼 슬플 것 같다는 걱정이 든다는 것은 안다. 하지만 헤어진다고 해서 절대 세상은 무너지지 않는다. 잠시 슬플 뿐이고 오히려 엉망인 애인에게서 멀어진 후로 더 안정적으로 변화한 자신의 감정선을 발견하게 될 것이다.

　연애할 때 이별을 두려워하면 건강한 관계가 되기 어려워진다. 아닌 것에 대한 과감한 끝맺음이 중요하다. 그것은 지지부진하게 매달리고 있느라 자신을 다치게 하는 것만큼 어리석은 일도 없다. 아닌 인연에는 과감하게 등을 돌릴 줄 알아야 한다. 헤어짐을 무서워하는 대가는 혼자서 속앓이해야 하는 날이 늘어날 뿐이다. 이미 끊어져 버린 관계의 끈을 붙잡지 말고 놓아줄 순간이다. 이제는 그만 울고, 다시 누구보다 예쁘게 웃을 당신이니까.

사랑의 과정

o

 이런 글귀를 본 적이 있었다. 연인이 성격 차이, 가치관 차이, 집안이나 경제력 차이 등으로 헤어지게 되는 것은 핑계일 뿐이라고, 모든 것을 다 포용하지 못할 정도로 사랑하지 않아서라는 내용이었다. 내가 나이가 아주 어리거나 현실에 발을 딛어보지 않았다면 공감했을지 모르겠지만, 지금의 나는 그다지 와닿지 않았다. 주변의 많은 사람들이 사랑하고 헤어진다. 사랑하지 않아서가 아니다. 이별의 이유를 가지고 핑계라는 가벼운 단어로 설명할 수 없다. 한 쌍의 연인이 서로 남이 되는 아픔을 기꺼이 감내하겠노라고 결심한 처절한 이유이다.

 행복으로 귀결되는 것이 삶에서 사랑을 하는 이유라고 생각한다. 과정이 힘들 수도 있고 다툼은 있을지 모르지만, 그 끝은 필연적으로 기쁨이 되는 게 사랑의 순기능이다. 정반대의 성향을 가지고 있거나, 성격이 완전히 다르거나, 서로의 환경이 눈에 띌 정도로 다르다면 그것을 사랑이라는 것 하나로 다 감싸 안기는 불가능에 가까울 정도로 어려운 일이다. 감정이라는 것은 대단해 보이지만 대단한 것이 아니고, 지속가능한 것이 아니라서 막연한 환상처럼 되지는 않는다. 드라마처럼 반지하에 사는 남자를 사랑하는 재벌가의 여자가 없는 이유이기도 하고, 술과 친구를 좋아하는 남자가 커피와 책을 좋아하는 여자와 이별하는 이유이기도 하고, 월급의 대부분을 사치하는 데 쓰는 여자를 부인으로 맞이한 남자가 이혼을 결심하는 이유이기도 하다.

후배 중 한 명은 결혼 1년 만에 이혼했다. 그녀의 남편은 유복한 집안의 아들이었고, 술과 사람을 좋아했다. 후배는 평범한 직장인의 딸이었고, 친구 만나는 것을 좋아했지만 가정이 먼저라고 생각했다. 결혼 생활 중에 친구들과 술을 가신다고 했던 남편이, 여러 차례 술을 먹고 동창생 여자와 만났다는 사실을 알게 되었다. 그녀의 남편은 그 여자와 몰래 연락하다가 덜미를 잡힌 것이었다. 그는 당연히 남자라면 다른 여자에게 잠깐 눈이 가는 게 정상이라고 주장했고, 후배는 임산부의 몸으로 이혼 소송을 시작했다. 출산하고 아이가 100일이 되기 전에 그녀는 최악의 결혼 생활을 벗어날 수 있었다.

남자니까 바깥 생활을 하다 보면 여자를 만날 수도 있는 게 아니냐며 그녀에게 전화한 시아버지와의 녹취록도 소송의 증거로 제출했다. 결혼할 때 서울에 사준 집이 얼마짜리인데 그 정도도 눈감아주지 못하냐고 타박하는 시어머니의 녹음된 목소리도 마찬가지였다. 그녀는 남편을 진심으로 사랑했다고 말했다. 그녀가 이별을 결정한 것은 더는 사랑해서는 안 될 남자라는 것을 알았기 때문이었다. 그녀의 일화가 극단적인 이야기인 것 같아도 현실이다. 연애 시절부터 술 먹고 연락이 안 되고, 그걸로 싸우면 비싼 명품 선물을 건네고 애교를 부리며 넘어간 남자였다. 그 남자를 눈감아준 그녀의 실수였다.

사랑이라는 단어에 굳이 필요 없는 단어를 덧씌우지 않았으면 좋겠다. 일방적인 희생, 아픔, 슬픔 같은 것 말이다. 드라마나 영화 같은 매체가 만들어 놓은 역설적인 사랑의 모형에 구태여 익숙해질 필요는 없다. 허구적이고 극적인 상황을 만들기 위해서 만들어 놓은 모양을 일반화시켜 착각하는 실수는 피하는 것이 중요하다. 어쩔 수 없는 이별은 존재하는 법이다. 무엇이든지 사랑이라는 이유로 다 감싸 안아낼 수 있는 것은 아니다.

한 학교에 강연을 갔을 때, 이런 질문을 받은 적이 있었다.

"연애는 필수, 결혼은 선택이라고 많이들 말하잖아요. 다들 연애하라고 하는데, 작가님은 어떻게 생각하세요?"

나는 학생들에게 대답했다.

"연애도 필수가 아니고, 결혼도 필수가 아니에요. 누군가를 사랑해야 한다고 의무적으로 생각할 필요는 없고, 남이 하니까 나도 연애해 봐야겠다고 시작할 필요도 없어요. 스스로의 인생이 충분히 풍요롭고 행복할 때, 다른 사람의 인생과 닿아야 건강한 관계가 돼요. 스스로를 잘 아껴주고, 내 인생에 충실하고 난 후에 사랑을 시작해도 늦지 않아요. 굳이 하지 않아도 되는 거고요. 절대 연애는 필수가 아니에요."

이별하고 나서 시간이 지나고 나면, 이별한 그 순간의 차갑고 쓸쓸한 공기보다 좋았던 순간의 포근하고 그리운 공기만 떠오르게 되는 때가 있다. 헤어져야만 했던 이별이 흐려지기도 해서 괜히 쓸데없는 자책을 하기도 한다. 헤어져야만 했으니 헤어진 것이고, 참아낼 수 없었기에 포기하게 된 것이다. 나빴던 기억을 괜히 왜곡시켜서 후회하지 않아도 된다. 누구의 탓을 할 필요도 없고, 그리움을 오래 앓고 있을 필요도 없다.

쉽게 타인의 사랑을 가지고 이렇다 저렇다 말하는 것에는 크게 신경 쓰지 않았으면 좋겠다. 우리는 사랑을 하는 매 순간에 자신이 할 수 있는 최선을 다하고, 지치기도 하고, 서로의 존재에 감사하기도 하고, 행복해하면서 사랑의 과정을 보낸다. 아무도 저마다의 사랑을 쉽게 판단할 수 없고, 이별에 대해서 가볍게 말할 수도 없다. 누구도 무엇이 옳고 그름에 정의 내릴 자격도 없다. 당신의 사랑이 행복하다면 그리고 행복했다면 그걸로 충분하다.

"스스로를 잘 아껴주고, 내 인생에 충실하고 난 후에 사랑을 시작해도 늦지 않아요. 굳이 하지 않아도 되는 거고요. 절대 연애는 필수가 아니에요."

문득

ㅇ

괜찮다고 생각했는데 지나가다 본 글자 몇 개에 덜컥 그리워지는 사람이 있다. 시간에 풍화된 추억일지라도 어쩔 수 없이 보고파지는 마음은 어쩔 수가 없다. 잘 지내느냐고 물어보고 싶어도 물어볼 수 없는 그 사람에게 그저 가만히 좋았던 기억을 떠올리곤 한다.

그때 참 고마웠다고. 나는 꽤 잘 지내고 있으니, 당신도 더 많이 웃고 자주 행복하게 지내길 바라면서

부디

。

기억은 참 역설적이게도 잊으려고 하는 것은 쉬이 잊히지 않는다. 가볍게 어디론가 날아가길 바라는 순간들은 무겁게도 마음 한구석에 자리하게 되고, 무겁게 오래 남아주었으면 싶은 장면들은 아쉽게도 어느 날 희미해지기 마련이다.

붙잡으려고 해도 붙잡아지지 않고, 떠나보내려고 해도 떠나가지 않는다면 그저 내버려 두는 수밖에 없다. 뜻대로 되지 못하는 것들은 가만히 기다리는 것 말고는 우리가 할 수 있는 게 없다. 아팠던 기억은 부디 흐려지기를, 그래서 당신이 덜 눈물 흘리고 더 자주 웃기를. 간직하고 싶은 행복한 순간들은 꼭 당신의 마음속에서 오래 선명하게 남아있기를 진심으로 바라고 있다.

추억이 짐이 되기도 하는 거야

o

 무겁게 매달린 추억이 당신을 힘들게 할지도 모른다. 관계의 끝이 가져오는 여러 가지 아픈 점들 중에 하나가 기억이라는 것이다. 절친했던 친구와 멀어지게 된 어느 날 밤에도, 사랑했던 사람과 영영 남이 되기로 한 밤에도 가슴을 먹먹하게 만드는 것은 행복했던 기억들이다. 힘들었던 기억보다 눈부시게 따뜻했던 순간들이 문득 찾아와 당신을 아프게 할 것이다.

 추억 때문에 놔주어야 마땅한 사람들을 놓아주는 것을 주저하지 않았으면 좋겠다. 웃음이 지어졌다는 것도 사실이고, 그 당시 참 좋았다는 것도 사실이지만, 결국 연이 다했다는 것 또한 사실이라는 것을 망각해서는 안 된다. 때때로 추억은 우리에게 짐이 되기도 한다. 마냥 좋았던 장면만을 보여주는 게 아니라, 그때로 돌아가고 싶은 미련까지 함께 가져다주기 때문이다.

자신을 위해서 냉정하게 넘기는 법도 때로는 꼭 필요하다. 지난 시간에서 좋았던 순간이 관계가 무너진 원인을 만회할 수 있는 정당한 이유가 되지는 못한다. 좋았다는 말에는 과거의 의미만이 담겨있는 이유이기도 하다. 당연한 말이지만 지금이 좋아질 수는 없다. 지나간 그 시간이 좋았을 뿐이지 함께했던 그 사람이 마냥 좋았다고만 착각할 필요는 없다. 머릿속 어딘가에 매달려 있는 추억은 사실 아무 도움이 되지 못한다. 기억의 조각들을 쥐고 있다고 해도 이미 변해버린 사람을 바꿀 수도 없고, 끝나버린 인연을 붙여낼 수도 없다.

 마음이 여려져서 지나간 순간들 때문에 과감한 결정을 내리지 못할 수도 있다. 혹시라도 다시 예전으로 돌아갈 수 있을지 모른다는 착각에 빠지게 되기도 한다. 이미 바뀌어버린 온도는 쉽게 되돌릴 수 있는 것이 아니다. 차가워져 버린 온도를 온기 있게 만들기 위해서 당신의 소중한 노력을 헛되이 쓰지 않았으면 좋겠다.

 끝이 나버린 관계 앞에서 더 이상의 미련도 아쉬움도 접어야 한다. 단지 그 사람과 당신의 인연이 거기까지일 뿐이다. 누가 더 잘했고, 고마웠고, 미안했는지를 따지기 전에 결국은 남이 되었다는 게 중요하다. 이제는 남이 된, 한때 전부 같았던 사람과의 기억에게도 작별을 말할 때이다. 고맙지도 미안하지도 않게끔. 그저 그렇게 흘러 지나가 아주 흐려지도록.

추억이라는 것 때문에 놔주어야 마땅한 사람들을 놓아주는 것을 주저하지 않았으면 좋겠다.

"때때로 추억은 우리에게 짐이 되기도 하기에."

이별의 맛

o

 누군가는 이별이 쓰다고 했는데, 막상 겪어본 이별은 어떤 맛도 느낄 수 없을 만큼 힘든 일이었을 것이다. 가슴 어딘가가 뜨거움으로 꽉 막힌 것 같다가도, 울컥 쏟아지는 눈물에 손쓸 수도 없는 게 이별이다. 고작 이별 하나로 삶이 끝나지 않을 것이란 걸 잘 알면서 삶이 끝났으면 좋겠다고 생각할 만큼 애달픈 공허함이다.

 힘든 시간보다 괜찮은 시간이 더 많아진 어느 날에, 헤어짐이라는 흔적에 연연하지 않는 자신의 모습을 보고서야 알게 된다. 괜찮아질 수 있을지, 다시 사랑할 수 있을지 고민하던 시간에 제법 의연하게 답할 수 있는 스스로를 느낀다. 지금은 괜찮고, 새로운 사랑이 두렵지가 않다고.

그렇게 떠나간 상대를 다시금 보내주고서야 한 번의 연애가 완료되는 것이다. 열심히 그리고 치열하게 사랑했던 모든 순간이 너무 아팠지만, 행복했노라 추억하면서 그제야 이별의 맛을 알게 된다. 씁쓸하고 달콤한 역설적인 그 모든 이별의 맛을.

"떠나간 상대를 다시금 보내주고서야
한 번의 연애가 완료되는 것이다."

나는 그걸로 다행입니다

。

  좋아한다는 말 한마디를 꺼내기가 어려워서 얼마나 우물쭈물 했는지 당신은 모르겠지요. 연락할 수 있는 이유 하나가 생기면, 그게 참 설렜습니다. 한 통의 메시지를 보내기 전에 수십 번도 썼다 지우기를 반복하곤 했었습니다. 당신의 답장 끝에 붙여진 이모티콘에 혼자서 설레하기도 하던 날도 있었습니다.

  좋아하는 감정을 몰래 숨겨놓아야 한다는 것이 가끔은 외로울 때도 있었고, 언제쯤이면 나도 고백을 할 수 있을지 괜히 서러운 밤을 보내기도 했습니다. 당신에게 좋아한다고 말하지 못했던 이유들은 이제 와서 생각해보니 핑계일 수도 있겠습니다. 우리는 인연이 아니었던 것인지, 아니면 내가 용기를 내지 못했던 탓인지는 잘 모르겠습니다.

당신이 누군가의 사랑이 되었다는 소식을 들었습니다. 혼자서만 시작했고 애썼던 사랑은 이제 여기서 멈추어야 하나 봅니다. 솔직히 한동안은 조금은 슬플 것 같습니다. 나 혼자만 했던 사랑이었으니 언젠가는 괜찮아지겠지요. 홀로 애태우며 좋아할 수 있어서 그래도 행복했습니다. 당신이 웃으니 나는 그걸로 참 다행입니다.

"당신이 웃으니 나는 그걸로 참 다행입니다."
"그래도 행복했습니다."
"언젠가는 괜찮아지겠지요."

하늘이 참 예쁘다,
　　　　널 좋아해.

o

　좋아한다는 말을 꺼내지 못해서 다른 말들을 빌려온다. 그냥 생각이 났다거나, 오늘 하늘이 예쁘다거나, 밥 잘 챙겨 먹으라는 말을 건넨다. 사실은 네 옆에 있고 싶다고, 올망졸망한 사랑스러운 네 얼굴이 자꾸 생각이 난다고 떠오르는 말을 애써 숨겨 놓는다.

　주말에 만나자고 약속을 잡고, 너와 같이 갈 식당을 고르고, 괜찮은 카페를 고르고, 해주고 싶은 이야기들도 정해서 나간다. 부끄럼 많고, 용기도 없는 내가 이 한 마디를 오늘은 꼭 해주고 싶으니까.
　"널 좋아해."

필요한 이별

○

티브이 프로그램에서 어떤 연예인이 이런 이야기를 했었다. 한 사람이 헤어지자는 말을 할 때는 이미 수도 없이 참고, 고쳐달라는 말을 한 다음이라고 그랬다. 그래서 헤어짐을 말하고 난 다음에 상대가 아무리 매달려도 마음이 동하지 않는 이유라고 설명했다.

친구가 3년을 사귄 남자친구와 헤어졌다. 그녀는 많이 지쳐있었다. 전 남자친구가 된 남자는 그녀에게 계속 연락했고, 다시는 그녀를 속상하게 하지 않겠다는 다짐을 담은 메시지도 매일 보냈다. 둘의 상황을 알고 있는 다른 친구가 그녀에게 한 번만 더 남자에게 기회를 주면 안 되는 것이냐고 물었다. 그녀는 단호하게 고개를 저었다. 이미 자신들의 연애는 끝나버려서, 더는 이어가는 게 어렵다고 말했다.

내 친구는 무교이고, 남자는 교회를 다녔다. 신앙심이 깊은 편이었는데, 언제부터인가 청년부의 회장을 맡게 되었다. 매주 일요일은 종교활동 때문에 여자친구와 만나지 못하는 것은 당연했고, 교회에 집중하게 되면서 평일까지도 연애에 신경을 쓸 수가 없게 되었다. 친구는 자신의 불만을 여러 번 말했다. 너무 교회에만 신경 쓰는 것 아니냐고도 말하고, 일주일에 적어도 하루는 자신과 데이트를 해달라고도 말하고, 나중에는 몇 시간이라도 같이 시간을 보내자고까지 말했다. 남자는 알겠다는 대답만 하고 한 번도 고쳐준 적이 없었다. 청년부 사람들과는 카페부터 극장, 다른 문화생활도 함께했다는 것을 그녀는 SNS를 통해서 알게 된다.

신앙생활이라는 것은 주일에 교회에 나가서 기도를 드리는 정도라고만 생각하는 그녀는 남자친구에게 해명을 요구하지만, 그는 교회에서 하는 일이라 어쩔 수 없었다는 말만 반복했다. 그렇게 몇 주의 시간이 지나고 둘은 헤어지게 되었다.

친구는 오랫동안 남자친구에게 기회를 주고 있었다. 변화해서 자신과 다시 연인 관계를 이어갈 수 있도록 원하는 것을 분명하게 전했었다. 그 말들을 그냥 지나쳐버렸던 것은 남자였다. 이해해주겠지, 이번에만 넘어가면 되겠지 하는 안일한 생각이 가져온 결과였다.

모든 이별에는 각자 연인마다 이유가 있다. 꼭 누구의 일방적인 잘못 때문만은 아니지만, 헤어지기 전에 그것을 막을 수 있는 몇 번의 기회는 찾아온다. 서로가 계속 함께하고 싶다면, 상대를 위해서 내가 노력하고 달라질 수 있는 시간이 주어진다. 무의식에 별일이 아닐 것이라고 그냥 넘기거나, 상대방은 원래 잘 이해해준다는 이기심으로 무시하게 되면 유감스럽지만 연이 다하게 되는 것이다.

연애를 잘한다는 것은 말을 다정하게 해주고, 애교를 잘 부리고, 선물을 자주 해준다는 게 아니다. 상대가 싫어하는 일을 하지 않으려고 노력하고, 고쳐주길 바라는 점을 고치려는 과정이 중요하다. 사랑하기 때문에 모든 것을 다 이해할 수 없고, 나와 모든 생각이 같을 수는 없다. 그렇기에 사랑하는 과정은 서로의 행동과 생각의 교집합을 늘려나가는 일이다.

아무리 사랑한다 해도 당신 혼자서만 참아야 하고 이해해야 하는 그런 연애는 그만두어도 괜찮다. 자기 자신을 위해서 필요한 이별은 있는 법이다. 다 이해할 수 있다면서 본인을 괴롭히는 밤은 그만하면 되었다. 소나기가 쏟아지듯 왈칵 쏟아지는 눈물에 담겨있는 서러움을 안다. 영원할 것이라 믿었던 사랑이어도 함께 노력하지 않는 애정은 쉬이 사그라들고 마는 법이다.

울어도 괜찮고, 그 사람 때문에 화가 난다고 짜증을 내어도 괜찮다. 다만 참아내느라 답답한 가슴을 숨기고 살지는 않았으면 좋겠다. 사랑스러운 당신은 실컷 사랑하고 사랑받으면서 살아야 하니까.

"아무리 사랑한다 해도 혼자서만 참아야 하고 이해해야 하는
그런 연애는 그만두어도 괜찮아."

"필요한 이별도 있는 법이니까."

지워지지 않는 사랑

o

  고개를 돌리면 언제라도 그 자리에 함께하는 사람을 만나는 것을 꿈꾼다. 한결같다는 표현이 현실로 되기가 어렵다는 것을 알기 때문에, 애정이라는 감정이 한결같을 것이라는 기대를 하지 않는다. 누군가는 당연히 사람 사이의 감정은 퇴색되는 것이라고 말하기도 하고, 어떠한 애정도 무한할 수 없다고 단정 짓기도 한다. 그런 말을 많이 들어왔어도 나는 아직 변치 않는 예쁜 사랑을 생각한다. 대단한 무엇이 아니라 소소한 행복으로 같이 웃을 수 있는, 오래 지워지지 않는 사랑을.

그만큼 더 행복하자

。

그냥 잠시 우리가 길을 헤맸던 것으로 생각하자. 엇갈려버린 우리를 가지고서 오래 곱씹으며 아쉬워하지는 말자. 돌고 돌아서 이렇게 만났다는 게 중요한 것이니까.

우리가 되지 못했던 지난날들보다 우리로 살아갈 날이 더 길 것이다. 함께할 매일을 포근히 아끼며 당신을 사랑하고 싶다. 웃음의 색이 바래지 않도록 내가 더 많이 아껴주고, 마음이 서운하지 않도록 지금보다 더 자주 사랑을 표현해야겠다.

연인이 되기까지 참 오랜 시간이 걸렸지만, 그만큼 행복하자.

당신의 연인

o

 친구가 자신의 남자친구에 대해서 말한 적이 있었다. '아무 이유 없이 화를 내거나 짜증을 부려도 다 받아주는 사람'이라고 말을 했다. 그냥 기분이 안 좋거나, 다른 사람들 때문에 짜증이 나면 남자친구에게 푼다고 자랑했다. 본인이었다면 헤어지자고 했을 텐데 자기 남자친구는 너무 착하다며 웃었다. 자기를 좋아해서 다 받아주는 것이라고 말하는 그녀였다.

 나는 그 말을 듣고는 걱정되는 마음에 그녀를 말렸었다. 그녀가 말한 것처럼 '받아주는' 행위였다. 애정을 기반으로 어느 정도 선까지 한계를 두고 이해를 하려 노력하는 것이다. 누구라도 그 한계치가 넘어가면 관계는 종료되기 마련이었다. 그녀는 자신의 남자친구는 다르다며 나를 오히려 설득해놓고서는, 몇 주 안 가서 남자친구에게 차였다며 울며 전화를 했다.

알면서도 스스로는 예외이길 막연히 바라게 된다. 나는 괜찮을 거야, 우리는 다를 거야. 이런 생각들이 얼마나 위험한 생각인지 모른다. 아주 특별한 경우가 아니고서는 다 다르면서도 비슷하게 살아간다. 본인이 느끼기에 의아스럽다거나, 아니라고 느껴지는 것이라면 상대를 위해 고쳐주는 노력은 꼭 필요하다.

연애하면서 누구나 나름의 고충은 생기고, 어려움은 일어나는 법이다. 그런 순간을 잘 이겨내는 것은 서로를 아껴주는 마음이다. 함부로 막 대해도 되는 자신의 연인은 없다. 세상에서 가장 아껴주고 고마움을 표현해줘야 할 존재가 바로 옆에 있는 당신의 연인이다.

바로 옆에 있는 당신의 연인이,
세상에서 가장 아껴주고 고마움을 표현해줘야 할 존재이다.

사랑하기 좋은 날

영원을 약속하는 게 무모하다고 하더라도 나는 그 무모함을 감히 말해보겠습니다. 당신의 곁에서 영원히 함께하겠습니다. 사랑의 모양은 수도 없이 바뀔지 모릅니다. 어떤 날은 설렘으로, 고마움으로, 미안함으로, 애틋함으로 계속 바뀌는 사랑의 모양으로 당신을 바라보겠습니다. 변치 않을 수는 없겠지요. 처음보다는 편안해지고 그래서 감정에도 무뎌질지 모르겠습니다. 그래도 약속할 수 있는 것은 오래 함께했기에 가질 수 있는 안정감으로 나는 단단히 당신을 사랑하겠습니다.

날이 좋습니다. 당신을 사랑하기에 참 좋은 날입니다.

사랑은 희생이 아니야

o

 사랑을 하면서 자신을 잃어가는 실수를 하게 될지도 모른다. 내가 좋아하는 것보다 상대가 더 좋아하는 것을 자연스레 선택하게 되고, 다툼을 피하고 싶어서 그 사람의 뜻에 모든 것을 맞춰나가는 게 익숙해진다. 배려는 사랑에서 중요한 자세이지만, 과하게 한쪽만 일방적으로 상대에게 맞추는 것은 건강한 관계가 될 수는 없다. 연인이라는 것도 사람 사이의 관계이다. 사랑이라는 감정의 특수성은 분명하지만, 그것이 모든 것을 포기하고 희생해야 한다는 의미는 아니다.

 연인이라는 관계에 대해서 강의를 진행한 적이 있었다. 그때 만났던 독자님이 계셨는데, 자신의 고민을 털어놓았다. 여자친구가 좋아하는 스타일의 옷만 입어야 하고, 머리 스타일도 여자친구가 하라는 대로 다듬고, 데이트 때마다 먹는 음식도 다 여자친구의 뜻대로만 골라야 한다고 그랬다. 정작 여자친구인 그녀는 남자를 위해서 맞춰주려는 것이 하나도 없었다. 자신의 뜻대로 되지 않으면 짜증을 부리거나 화를 내고, 혼자 집에 가버리는 게 습관이었다. 그런 행동이 도가 지나쳐져서, 여자친구에게 자신이 어디까지 더 맞춰야 하는지 모르겠다며 고민했다.

사랑한다는 것은 나를 지우고 그 사람이 원하는 모습으로만 살아가는 것이 아니다. 지금 나라는 사람의 모습을 그대로 바라봐주고 아껴주는 누군가와 서로의 마음을 나누는 과정이다. 연인 관계를 유지하겠다는 이유로 안 해도 괜찮은 노력을 기울이고 있는 건 아닌지 생각해봐야 한다.

연애에서 주도권이라는 단어만큼 수준 낮은 단어는 없다. 주도권은 둘 모두에게 존재한다. 행복한 감정도, 즐거운 감정도 한 명만 노력하는 것이 아니라 둘이서 같이 만들어내는 관계이다. 더 좋아하는 사람이 아래에 있다는 건 잘못된 생각이다. 늘 같은 선상에서 동등한 존재로 사랑하는 존재가 바로 연인이다.

사랑에 지쳐버린 사람아

o

사랑에 지쳐버린 사람아

나는 당신이 슬픔 속에서 허우적대다 미련 속으로 빠져버릴까 봐 걱정이 됩니다. 이젠 쥐고 있지 않아도 될 기억의 끝자락을 꾸역꾸역 손으로 움켜쥐느라 손바닥에는 손톱자국이 가득하겠지요.

다시는 사랑하지 않겠다는 말은 하지 않았으면 좋겠습니다. 헤어짐은 아프고 지나간 인연은 참 원망스럽지만, 사랑이라는 감정 자체가 나쁜 것이 아니니까요. 단지 거기서 그만두어야 했던 인연일 뿐이었습니다. 당신의 탓이 아닙니다.

놓을 수 없는 것은 세상에 없습니다. 아무리 사무치는 그리움이라 하더라도, 잊기 힘들 기억이라고 해도 언젠가는 놓이는 법입니다. 아파하는 당신을 그대로 바라보고만 있기에는 내 마음이 사무치도록 아픕니다. 돌아오지 않을 것을 기다리고 바라느라 당신의 마음을 이제는 그만 썼으면 좋겠습니다.

결국은 괜찮아질 겁니다. 시간이 흐르고 계절이 바뀌듯, 지나가다 보면 제법 마음이 편안해지는 날이 올 것입니다. 너무 많이 울지 않고, 혼자서 무너지지 않아야 합니다.

그러기엔 당신은 너무 소중한 사람입니다.

속상했다고 말해줘야 해

o

 좋아하는 감정을 지니게 되는 순간부터 서운함이라는 감정과 분리되기는 어려운 법이다. 사랑하고 싶은 이성을 만나게 되면 자연스럽게 드는 기분이다. 좋아하는 만큼 함께 공유하고 싶은 시간이 커지는 것은 당연하고, 같이 해보고 싶은 것들이 늘어나게 된다.

 서운함을 말하지 못하고 자꾸 머금고 있을지 모른다. 상대가 안 좋아할까 봐, 혹은 부담스러워할까 봐 여러 걱정으로 혼자서만 삭히게 되는 게 익숙해지지 않았으면 싶다. 애정이 생기면 그만큼 바라는 것이 생기는 것은 어쩔 수 없는 일이다. 나에게 더 많이 신경 써주길, 처음 같은 마음을 계속 유지해주길 바라게 된다. 유감스럽게도 애정의 기간이 길어지면 소홀해지고, 귀 찾아하는 사람들이 존재한다. 우선순위에서 당연하다는 듯이 밀어내는 태도를 보면서, 애써 참고 있는 마음이 얼다나 서러운지 안다.

나는 당신이 서러움이 커져가는 사랑은 하지 않기를 바란다. 당신이 그 사람을 중요하게 생각하고 배려하는 만큼 당신도 존중받는 관계를 유지했으면 좋겠다. 아주 많이 사랑받고 행복해야 마땅한 당신은 눈물로 얼룩진 밤이 어울리지 않는다.

움츠러든 마음은 상대에게 숨기지 말고 말해야 한다. 이런 점이 섭섭하다, 저런 말이 나를 속상하게 한다고 표현하는 게 우선이다. 아무리 혼자서 애태운다고 해도 상대는 그 시간을 다 알 수가 없다. 내 사람에게 내가 싫어하고 좋아하는 것을 말하는 걸 어색해하거나 미안해할 이유는 없다. 어쩌면 서로에게 가장 중요한 정보가 될지 모르는 이야기를 숨기고 있지는 않아야 한다.

좋은 게 좋다는 이유로 그냥 어물쩍 넘어가기만 하면, 관계가 단단하게 유지되기는 어렵다. 한쪽은 모른 채 그냥 지나가는 것이고 다른 한쪽은 서운함으로 계속 얼룩지게 된다. 결국은 분열이 만들어지는 것이다. 바라는 점, 속상한 일을 말하는 것은 절대 유치한 것이 아니다. 오래도록 관계를 조금 더 튼튼하게 유지하기 위해서 꼭 필요한 단계이다. 눈치 볼 것 없이 상대에게 좋아하기 때문에 만들어진 감정들을 솔직하게 고백할 순간이다. 둥근 사랑의 모양을 만들기 위해서는 딱딱하게 각진 모양을 열심히 다듬어야 하는 법이니까.

어쩌면 서로에게 가장 중요한 정보가 될지 모르는 이야기를 숨기고 있지는 않아야 한다.

**쉽지만 어려운 그 말.
"나 정말 속상했어."**

사랑의 우선순위는 없어

o

  사랑이 끝나고 나면 그 너머의 이야기가 있다. 얼마나 사랑했고, 누가 잘못했고, 얼마나 미웠는지 이런 사소한 걸 따지는 것이 아니라, 그 사랑에 의해서 알게 된 점이 존재한다. 이별하기 전에 알 수도 있었을 일들은 꼭 헤어지고 나서야 알게 된다.

  친구처럼 지내고 있는 30대 중반의 언니가 있다. 그녀는 더 괜찮은 연봉을 목표로, 대기업에 입사하기 위해 몇 번의 이직을 했다. 그만큼 욕심이 있고, 자신의 삶에 뚜렷한 목표가 있는 사람이었다. 언니가 만났던 남자는 그녀와 다르게 괜찮은 학교를 졸업하고 처음부터 대기업에 입사한 사람이었다. 그녀는 뒤처질까 늘 조급하고, 그래서 주변을 신경 쓰지 못하게 되었다. 반대로 남자는 성격이 느긋하고 연애를 시작하면 애인을 가장 먼저 우선순위로 두는 사람이었다.

둘은 자주 다퉜다. 언니는 승진에서 밀려나게 될까 봐 늘 초조해하며 하루를 바쁘게 살았다. 연애하고 있어도 애인과 자주 만나지 않았다. 언니에게 우선순위는 회사였기 때문이다. 남자는 언니에게 자주 서운해했고, 언니는 그런 남자를 귀찮아했다. 나에게 종종 남자 친구 때문에 신경 쓰인다고 말하곤 했다.

언니는 자신이 원했던 것처럼 승진 명단에서 누락되지 않았지만, 남자와 헤어지게 됐다. 혼자서만 연애하는 기분이라고 고백하면서 남자가 이별을 말한 것이다. 이별했는데도 언니는 꽤 담담했고, 귀찮았는데 잘 됐다며 크게 신경 안 쓰는 것처럼 말했다. 말은 그렇게 했으면서 술만 먹으면 그 남자에게 전화해서 그를 붙잡곤 했다.

사실 둘 다 이별에 아무 잘못은 없다. 각자의 연애 성향이 다른 것일 뿐이다. 꼭 애인을 우선순위로 삼는 게 정답은 아니고, 반대로 애인을 늘 뒤로 밀어두는 것도 맞는 것도 아니다. 서로가 이해가 될 정도로 비슷한 성향의 사람을 만나거나, 아니면 각자의 순위를 맞춰가면서 연애를 하는 게 각자 편안한 일이다.

언니는 지금도 그 남자 이야기를 꺼내곤 한다. 그렇게 좋은 사람은 없었는데 그때의 자기는 왜 몰랐는지 답답하다며 아쉬워한다. 그 당시의 자기는 남자가 왜 그렇게나 자신을 위해 시간을 내고 보고 싶어 하는지 이해하지 못했다고 한다. 늦게 퇴근해도 잠깐이라도 집 앞에 들러서 얼굴을 보고 가는 게 얼마나 큰 애정인지 이제야 알 것 같다며 하소연했다.

그도 언니처럼 똑같이 퇴근하면 피곤했을 것이고, 쉬고 싶은 마음이 있었을 것이다. 그래도 기꺼이 언니를 보러 갔던 것은 사랑하는 마음 때문이었다. 자기를 귀찮아하는 기색을 하는 여자여도 계속해서 표현하고 아껴주면 달라질 것이라고 믿었던 것 같다.

언니는 다시 사랑하게 된다면 이번에는 자기도 많이 표현하고 사랑할 것이라고 다짐한다. 이미 지나가 버린 사랑에게 해주지 못한 아쉬움을 감춘 채로. 다시금 다짐한다.

> 사람들은 이미 지나가 버린 사랑에게
> 해주지 못한 아쉬움을 감춘 채로 살아간다.
>
> 후회만을 가득 안고.

부부의 세계

o

우리 집 안방에는 티브이가 없다. 블루투스 스피커도 일부러 작업실 방과 부엌에만 두었다. 안방에는 침대와 화장대, 남편이 좋아하는 갈색 서랍장 두 개가 전부이다. 결혼을 하면서 남편과 나는 안방에는 티브이를 두지 말자고 약속했다. 거실에서는 티브이를 보더라도 안방에서는 둘이 대화를 하는 게 더 좋을 것 같다는 서로의 의견이었다.

날마다 보는데도, 나는 왜 이렇게나 남편에게 하고 싶은 말이 많은지 모르겠다. 감자가 잘 삶아지지 않아서 속상했다는 이야기, 제육볶음이 맛있게 된 나만의 비결에 대한 이야기, 글을 썼는데 안 써졌다는 논리적으로 맞지 않는 그런 이야기를 한다. 그는 참을성이 굉장히 좋은 사람인 것 같다. 그 많은 내 이야기들을 가만히 들어준다. 피곤할 때도 있고, 혼자서 쉬고 싶을 때도 있을 텐데 항상 웃으면서 내 말에 다 호응해준다

그와 처음으로 연애를 시작했을 때, 나는 이 남자로부터 사랑에 대해서 참 많은 것을 알게 되겠구나, 생각했었다. 그리고 정말로 그에게서 사랑이라는 단어의 모습을 알게 되었다. 남에게 벽을 두는 게 익숙하고, 사람보다는 책을 더 좋아했던 나는 어느새 책보다도 더 좋아하게 된 남자가 생기게 되었다.

같이 숨만 쉬고 있어도 재밌는 사이가 되는 게 부부였다. 잠옷 바람으로 이상한 노래를 흥얼거리고 말도 안 되는 춤을 춰도 괜찮은 사이, 아파서 하루 종일 씻지도 못하고 침대에 누워있으면 아파도 예쁘다며 꼭 끌어안아 주는 사이, 재밌는 영상이나 사진을 보면 가장 먼저 보여주고 싶어서 일이 끝나기만을 기다리는 사이가 되었다. 부부가 된다는 건 특별할 게 아니었다. 같이 나이 들어갈 세상에 단 하나뿐인 내 단짝 친구이자 내 편이 생긴다는 일이었다.

간지럼 타지 않는다고 말했던 남편은 내가 봤을 때 간지럼을 제일 잘 타는 사람이다. 그는 나에게 말하기를 자기는 힘든 걸

잘 모른다고 다 괜찮다고 말했는데, 아마 잘 참는 사람일 것이다. 힘들어도 누구한테도 내색하지 않으려고 잘 숨길 뿐이라는 걸 알고 있다.

좋은 부인이 되고 싶어서 고민하는 날들이다. 맛있는 요리나, 칼주름을 잡는 다리미질 이런 거 말고, 든든하고 용감한 그의 동반자가 되기 위해 더 노력하는 중이다.

당신이 힘들어하는 날에 옆을 보면 늘 사랑으로 응원하는 내가 있다고, 힘든 날에는 나에게 의지해도 괜찮다고 말해주는 멋진 부인이 되고 싶어서.

소중한 인연들에게

∘

　언제까지나 거기에 있어 줄 것이라고 당연히 생각했던 사람들과 멀어지는 일을 겪곤 한다. 그게 누구의 탓이든, 어떤 상황 때문이든 어느 날 헤어짐은 온다. 가장 허무한 것은 당연히 함께할 거라는 믿음이 애달프게 흩어져버리는 모습을 봐야 한다는 점이다.

　멀어질 인연은 아무리 노력해도 멀어지는 것기고, 함께할 인연은 아무리 시간이 흘러도 내 곁에 있다는 것은 진짜였다. 영원한 우정 같은 단어를 막연히 믿었던 때보다 훌쩍 나이를 먹은 지금, 새삼 그 사실을 느끼고 있다. 딱히 마음을 상하게 하는 말을 들은 것도 아니고, 다퉜던 것도 아닌데 걸어져 있는 사람들이 있다. 아직도 핸드폰 전화번호부에는 번호가 있지만, 연락을 하거나 받았던 기억은 까마득하다.

반대로 우연히 알게 되었던 사람과 생각보다 오래 인연을 유지하면서 지내고 있다. 어쩌다 알게 된 동네 친구, 나와 같은 일을 하는 언니를 만나면 서로가 우리가 이렇게 친해질 줄 몰랐다며 새삼 놀란다. 만나면 편안하고, 서로의 삶에서 한 조각의 여유를 선물해주고 싶은 존재들이다.

멀어진 인연들에 나도 무심했을 것이고, 그들도 크게 연연하지 않았을 것이다. 이제는 떠나가고 떠나옴에 크게 관여하지 않은 사람이 되었다. 단지 고마움은 잊지 않으려고 노력한다. 내 곁에서 따뜻하게 남아준 소중한 인연들에게.

이제는 떠나가고 떠나옴에 크게 관여하지 않은 사람이 되었다.

멀어진 인연들에 나도 무심했을 것이고,
그들도 크게 연연하지 않았을 것이다.

물어보고 싶어

o

나는 내 동갑내기 사촌의 죽음을 7살 때 목격했었다. 나이도 같고 가까운 동네에 살아서 우리는 자주 놀았었다. 아들 손주라고 할머니가 그 애만 더 예뻐하는 것은 조금 미웠지만, 나보다 정글짐도 잘 올라가고 탈출 놀이도 잘하는 나의 가장 친한 친구였다. 적어도 일주일에 한 번씩은 만나서 놀았었다. 유치원에서 만나는 친구보다 사촌인 그 애와 노는 게 더 재밌었다. 서로 닮아있어서 놀이터에서 놀고 있으면, 동네 아줌마들이 쌍둥이냐고 물어볼 정도였었다. 우리는 쌍둥이는 아니었지간 어렸어도 서로를 꽤 잘 이해하고 배려해주는 좋은 친구였다.

어느 날 엄마 아빠랑 같이 큰 대학병원 갔다. 나랑 놀기로 했던 날인데, 사촌은 조금 커 보이는 환자복을 입고 누워있었다.

엄마는 큰엄마 손을 잡고 울었고, 아빠는 큰아빠와 병실 밖으로 나갔다. 나는 내 친구에게 언제 우리 놀 수 있는 것이냐고 물어봤다. 그 애는 자기도 모른다며 무섭다며 눈물을 흘렸다. 이유는 모르겠지만 나도 따라서 울었다. 커다란 링거를 두 개나 꽂고 있는 그 애가 불쌍하기도 했고, 속상하기도 했다.

크리스마스 때 같이 눈썰매장에 가기로 했었고, 새해가 지나서 3월이 되면 초등학교에 입학하면 서로 누가 더 예쁜 책가방인지 자랑하기로 했었다. 병실에서 열 밤만 있다가 나가서 자기랑 '무궁화꽃이 피었습니다'를 하자고 했던 그 애는 열 밤이 지나도 병원에서 나오지 못했다. 겨울이 시작되었고 첫눈이 내렸다. 꽤 많이 쌓인 눈을 혼자 굴려서 눈사람을 만들었던 날, 그 애는 세상을 떠났다.

세상에는 다양한 이별이 있다고 한다. 그중에서 나는 죽음이라는 이별이 무엇인지 조금 이른 나이에 경험해야 했다. 매주 만나던 내 친구가 다시는 볼 수 없는 것이라고 했다. 하늘나라에 갔다고, 좋은 곳에서 잘 놀고 있으니 걱정 말라고 어른들은 말했다. 사실 그때의 나는 죽는다는 게 뭔지 잘 실감이 나지는 않았다. 아마 굉장히 슬픈 일이라는 것만 어렴풋이 느꼈다.

어른들은 내 걱정을 가장 많이 했다고 한다. 누구보다 친하게 지냈고, 친남매처럼 다정했던 우리였으니까 내 상실감을 걱정했다. 나는 어른들의 걱정처럼 꽤 오래 힘들어했다. 아빠가 둘이서 갖고 놀라고 사준 무전기를 볼 때마다, 함께 놀았던 놀이터 미끄럼틀에 올라갈 때마다 덜컥 눈물이 나왔다. 엄마에게는 눈에 모래가 들어갔다고 거짓말을 했다. 그냥 그래야 할 것 같았다. 죽은 사촌이 보고 싶다고 울어버리면, 엄마가 나를 너무 무척이나 걱정할 것 같았다.

그 누구와도 결국에는 이별이 온다는 것을 어렸을 때 알았다. 꼭 헤어지지 않아도 누군가는 먼저 죽는 것은 당연한 순리였다. 절대 붙잡을 수 없고, 다시 한번 본다는 것도 있을 수 없는 제일 슬픈 이별은 누구나 겪어야 하는 일이다. 나는 내 사촌이 죽은 이후로 이별이 오면 아무리 슬퍼해도 어쩔 수가 없는 일이라는 걸 알았다. 친구가 죽은 게 아니라 가족의 죽음이었다. 어렸어도 나는 가족은 마음에 묻는 것이라는 걸 배웠다. 그 애의 이름을 꺼내면 모두가 슬퍼할까 봐 말하지 않았다. 큰아빠 앞에서도, 큰엄마 앞에서도 아무렇지 않은 척을 했다. 아빠에게도 엄마에게도 그 애랑 놀고 싶다는 투정도 부리지 않았다.

아마 내 사촌은 병실에 있을 때, 자신이 죽을지도 모른다는 걸 느끼고 있었던 것 같다. 우리는 그때 치토스라는 과자에서 나오는 '따조'를 모으고 있었다. 누가 더 많이 모으는지 경쟁이 붙곤 했었는데, 병원에서 나에게 자기가 여태껏 모은 전부를 줬었다. 퇴원하면 집에서 같이 놀자고 했는데도 그 애는 그냥 갖고 가라며 자신의 따조가 들어 있는 주머니를 내밀었다.

"나중에 우리 다시 꼭 놀자."
이 한마디가 마지막이었다.

나는 이제 눈가에 아이크림을 바르고, 머리에 하나, 둘 새치가 생기는 나이가 되었다. 그 애에게 물어보고 싶다. 잘 지내고 있는 것이냐고, 네가 볼 때, 나라는 사람이 썩 괜찮은 어른이 된 것 같으냐고.

그리고,
너도 나처럼 그때의 우리가 많이 보고 싶냐고.

안녕

o

 안녕이라는 말이 반가웠다가도 슬픈 것은 시작과 끝이 모두 담긴 말이라서 그럴 것이다. 모두가 이별을 하면서 살아간다. 그 슬픔에만 머물러 있을 수는 없어서 우리는 울지 않고 버티는 법을 배운다. 이별이 남긴 진통이 유난히 크더라도 일상을 살아낸다.

 안녕이라는 단어가 더 이상 슬퍼지지 않을 때까지.

딸들의 첫사랑

o

　모든 딸들의 첫사랑은 아빠라고 한다. 아빠와 아들 사이의 각별하고 깊은 애정이 있듯이, 아빠와 딸 사이에도 더없이 깊은 애정이 있다. 목말을 타면 높이 올라가 있는 기분에 신났었고, 업어달라고 하면 언제든 업어주는 아빠의 등에서 든든함을 느꼈었다. 우리 아빠는 친구 같은 아빠는 아니었다. 엄했고, 또 그만큼 자상하고 다정한 아빠였다. 생각해보면 어렸을 때 엄마 몰래 동생과 나 아빠랑 셋이 돈가스를 먹으러 갔던 적도 많았고, 배 모양 카페가 한창 유행이던 내 초등학교 시절에 아빠와 단둘이 코코아를 먹으러 갔다 오기도 했었다. 바쁜 와중에서도 나와 동생에게 해줄 수 있는 만큼 많은 추억을 쌓아주려고 했던 아빠였다. 그래서 가족끼리 여행도 많이 다녔고, 느껴본 것도 많고, 좋았던 기억도 많다.

결혼식 날 긴장한 아빠의 모습과 버진로드에서 같이 입장하는 순간 내 손을 잡고 있던 아빠 손의 떨림은 아마 평생 생생하게 기억될 것이다. 신부 등장을 위해서 반투명 커튼 뒤에서 기다리고 있을 때, 드레스를 잡아주시는 선생님이 아빠의 등을 보고 이런 말을 했었다. 등만 봐도 딸을 얼마나 사랑하는지 알 것 같다고. 나는 그 말을 듣고 커튼을 빼꼼 열어서 아빠에게 말을 걸었다.

"선생님이 아빠 등만 봐도 저 사랑하는 게 느껴진대요."

아빠는 얼마나 긴장을 한 것인지 내 말을 못 들은 것 같았다. 커튼이 열리고 내가 등장하고, 아빠의 손을 잡았다. 여전히 컸고 단단했다. 둘이서만 나란히 손을 잡고 걸어본 게 언제였는지 싶었다. 버진로드에 올라서서 나는 아빠를 불러서 얼굴을 마주 보았다. 눈을 깜박여 아빠에게 신호를 주었다. 천천히 예쁘게 잘 걸어가자고. 아빠 딸 잘살아갈 테니 아무 걱정하지 마시라고.

아빠는 평소에 굉장히 빠른 걸음걸이인데 아주 천천히 그리고 떨리는 걸음으로 그 길을 걸으셨다. 작은 떨림까지도 다 느낄 수 있었다. 감히 자식이 부모의 마음을 다 알 수는 없었다. 아마 아주 기쁘고, 행복하고, 긴장되고, 걱정과 긴장으로 키워온 자식의 새로운 미래를 축복하는 복합적인 마음일 것 같았다.

결혼식 단상 앞에 도착하자 아빠는 남편을 꼭 끌어안아 주셨다. 아빠는 남편을 처음 만났던 순간부터 그를 굉장히 좋아하셨었다. 예쁜 것을 보면 남편에게도 하나라도 더 보여주고 싶어 하고, 맛있는 것을 드시면 같이 먹고 싶어 하셨다. 최근에 춘장대라는 곳을 다녀오셨는데, 남편에게도 꼭 보여주고 싶다면서 말씀하시기도 할 정도였다.

내 손을 남편의 손으로 옮겨주고 아빠가 엄마 옆으로 가는 모습을 눈에 담았다. 아빠랑 결혼하겠다고 떼를 쓰던 5살짜리 꼬마 아이가 다 커서 사랑하는 남자와 결혼을 하게 되었다. 나의 새로운 시작을 참 많이 응원한다는 아빠의 눈빛이 무척이나 따뜻했다.

나의 영웅이자, 내가 가장 존경하는 사람인 아빠에게 살갑게 사랑한다는 말을 잘하지 못한다. 그저 감사하다는 말에 담아 넣기만 하는 부끄러움 많은 딸이다. 그런 나에게 통화 끝마다 '사랑한다 딸아.'라고 말해주는 아빠가 있어서 나는 참 행복한 사람이다.

연인 간의 사랑이 아니라 가족이기에 줄 수 있고, 또 받을 수 있는 사랑이 있다. 표현이 안 될 정도로 크고 깊은 그런 사랑을 받으면서 우리는 자라난 것이다. 부모님의 품에서 자라난 나는 언젠가 부모의 자리로 갈 테고, 다시 그 사랑을 잘 물려주고 싶다. 참 많이 행복하고 따뜻한 사랑을.

소설이나 영화에서는 대부분 결혼함으로써 줄거리가 끝나지만, 인생에 있어서는 결혼이 줄거리가 된다.

걸음이 조금 고단할지라도,
그 모든 과정 덕분에 당신이 빛날 것이라고 믿습니다.

굳이 내 삶에 없어도 괜찮을 사람들 때문에
당신의 행복이 방해되는 일이 더는 없기를 바랍니다.

그렇게 살아가면 됩니다.
누군가에게 잘 보이기 위한 삶이 아니라, 당신 스스로에게
충실하고 애틋하게 노력하는 삶을요.

추억이라는 것 때문에 놔주어야 마땅한 사람들을 놓아주는 것을
주저하지 않았으면 좋겠습니다.

"때로는 추억이 우리에게 짐이 되기도 하기에."

이 책을 읽는 모든 이들이 웃음꽃이 만개하기를.

포근한 마음만이 늘 가득하기를.

바랍니다.

언젠가 그리울 오늘일 거예요.

우리 모두는 자존감을 붙잡으며 살아간다

1판 1쇄 발행 | 2020년 07월 15일

지은이 | 김유은

펴낸이 | 박우성
펴낸곳 | 좋은북스
인쇄 | (주)예인미술
등록 | 2019년 01월 03일 제2019-000003호
주소 | 경기도 파주시 미래로 562, 701호
문의 | goodbooks_@naver.com
전화 | 031-939-2384
팩스 | 050-4327-0136

ISBN 979-11-90764-01-8   03810

· 이 책의 판권은 지은이와 좋은북스에 있습니다.
· 책 내용의 전부 또는 일부를 이용하려면 좋은북스의 동의를 받아야 합니다.

이 도서의 국립중앙도서관 출판예정도서목록(CIP)은 서지정보유통지원시스템 홈페이지(http://seoji.nl.go.kr와 국가자료종합목록 구축시스템(http://kolis-net.nl.go.kr)에서 이용하실 수 있습니다.(CIP제어번호 : CIP2020026150)